イタリアの世界文化遺産を歩く

藤本強・青柳正規 編

同成社

まえがき

本書の編者の一人となっている藤本強氏は、前著『日本の世界文化遺産を歩く』の原稿を出版社に託したのち、その刊行を待たずして2010年9月、急逝されました。同書は、氏が2001年から館長をつとめた福島県文化財センター白河館（愛称「まほろん」）で市民に向けて行ってきた連続講演のうち、2009年度の6回分を原稿にまとめたものでしたが、氏の逝去後の2010年12月に同成社から一書として刊行されました。

藤本氏が亡くなったのは、2011年度に行う講演のための取材にドイツを旅行中のことですが、このとき2010年度に6回予定されていたイタリアの世界文化遺産についての講演はすでに前半の3回を終えており、残りの3回分についても、講演の骨子を記したメモ書きのみならず大量のスライド用写真も用意されていました。それらを見ると氏がどこをどのように話そうとしていたのか、おおよその見当がつきます。

そうしたことから、このイタリア編も著者不在ながら一冊にまとめようではないかと青柳正規が提案し、同成社の山脇氏にも諮って計画が練られました。残された諸資料を元にしての原稿執筆は、宮坂朋（弘前大学）、芳賀満（東北大学）、渡辺道治（東海大学）、藤沢桜子（群馬県立女子大学）、飯塚隆（国立西洋美術館）の諸氏に依頼することとしました。いずれもイタリアに留学もしイタリアが研究のフィールドでもあり、タルクィニアの発掘調査などで藤本氏に指導されたことのある方々ですが、皆快諾してくれました。さらに掲載する写真には藤本氏の撮影したものを使うこととしました。

このようないきさつで出来あがった本は、必ずしも藤本氏の目になってというわけにはいきませんし、また担当各員の個性もあって記述にはばらつきが見られるかもしれません。ですが、全体として氏が館長講演で伝えようとしていたイタリアの世界文化遺産について、その意図するところを充分伝えるものになっていると思います。本書がイタリアの世界文化遺産についての中味の濃い案内書になっていることを読み取っていただければと思います。

(2013 年 8 月・鷹野光行記)

目　次

◆本書の執筆分担◆

藤本　強・青柳正規　　第1章
宮坂　朋　　第2章1、第6章、第7章1
芳賀　満　　第2章2、第5章、第7章2～5
渡邊道治　　第2章3・4、第4章2・3・4・6
藤沢桜子　　第3章
飯塚　隆　　第4章1・5

イタリアの世界遺産 (2013年現在)

(●は文化遺産　●は自然遺産　＊は本書で取り上げた文化遺産)

1 ヴァルカモニカの岩絵群
*2 サンタ・マリア・デッレ・グラツィエ教会とドメニコ修道院
*3 ローマ歴史地区、教皇領とサン・パオロ大聖堂
*4 フィレンツェ歴史地区
*5 ヴェネツィアとその潟
*6 ピサのドゥオモ広場
*7 サン・ジミニャーノ歴史地区
*8 マテーラの洞窟住居と岩窟教会公園
*9 ヴィチェンツァ市街とヴェネト地方のパッラーディオ様式の邸宅群
*10 シエナ歴史地区
*11 ナポリ歴史地区
12 クレスピ・ダッダ
13 フェッラーラ
14 デル・モンテ城
*15 アルベロベッロのトゥルッリ
*16 ラヴェンナの初期キリスト教建築物群
17 ピエンツァ市街の歴史地区
*18 カゼルタの18世紀の王宮と公園
*19 サヴォイア王家の王宮群
20 パドヴァの植物園
21 ポルトヴェネーレ
*22 モデナの大聖堂
*23 ポンペイ、エルコラーノ、トッレ・アヌンツィアータ
*24 アマルフィ海岸
25 アグリジェントの遺跡地域
26 ヴィッラ・ロマーナ・デル・カサーレ
27 スー・ヌラージ・ディ・バルーミニ
28 アクイレイアの遺跡地域と総主教聖堂バシリカ
*29 ウルビーノ歴史地区
*30 パエストゥムとヴェリアの古代遺跡群他
*31 ヴィッラ・アドリアーナ（ティヴォリ）
*32 ヴェローナ市
33 エオリア諸島
*34 アッシージ、聖フランチェスコ聖堂と関連遺跡群
*35 ティヴォリのエステ家別荘
36 ヴァル・ディ・ノートの後期バロック様式の町々
37 ピエモンテとロンバルディアのサクリ・モンティ
38 サン・ジョルジオ山
39 オルチア渓谷
*40 チェルヴェテリとタルキニアのエトルリア古代都市群
41 シラクーザとパンタリカの岩壁墓地遺跡
*42 ジェノヴァ
43 マントヴァとサッビオネータ
44 レーティシュ鉄道アルブラ線・ベルニナ線と周囲の景観
45 ドロミーティ
46 イタリアのロンゴバルド族：権威の足跡
47 アルプス山系の先史時代杭上住居跡群

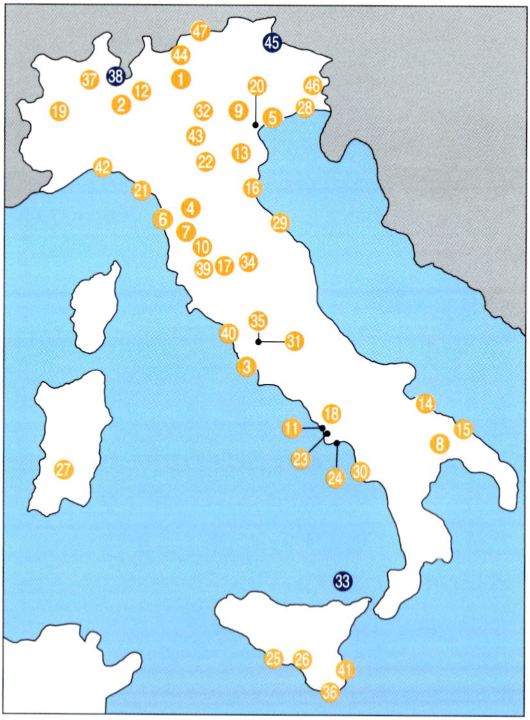

第1章　イタリアの歴史と世界文化遺産

1．イタリアの歴史

紀元前8世紀ごろから、シチリア島を含むイタリア南部にはギリシア植民都市が建設されるようになります。土地がやせているギリシア本土では増加する人口を十分に養うだけの穀物生産がなく、組織的な植民の対象としてイタリア南部が選ばれたのです。この時期のシチリア島にはシカーニ人、シクーリ人、エリミ人などの先住民がいましたが、先進文化をもつギリシアからの植民者は島の海岸域に定住地を建設して先住民との交易を進めました。またイタリア半島南部にも同様の植民都市が作られていきました。一方、中部にはエトルリア人が独自の文化を展開していましたが、ギリシア植民都市との交易などによってしだいにギリシア文化の影響を受けるようになります。ブドウ栽培とブドウ酒生産、小麦とライ麦を並行して植えつけることなど農業もギリシアの影響で発達していきました。現在のトスカーナ州にほぼ相当するエトルリアは鉄などの鉱物資源が豊かだったためギリシア陶器などとの交易が行われ、さらにエトルリアのギリシア化が進展していきました。また、東地中海域からはギリシア人が移住してくることもあり、エトルリアの陶器製造や墓室墓の壁面装飾を行う職人たちがエトルリアで活躍しました。

紀元前7世紀から紀元前6世紀末までエトルリア人はテヴェレ川右岸のローマを支配していましたが紀元前509年、ローマ人は支配者であるエトルリア人の王を追い出して、ローマ人による共和政の支配を行うようになります。紀元前5世紀と4世紀は貴族と平民の戦いに明け暮れましたが、紀元前4世紀末のサムニウム戦争のころからしだいにまとまるようになり、強国として台頭するようになります。特に紀元前3世紀末におこる第2次ポエニ戦争でカルタゴを破ってからは西地中海域全体を支配する大国としての基盤を確立します。

東地中海世界はギリシア文化の祖地であり、アレクサンドロス大王の東征以降、プトレマイオス朝やセレウコス朝が支配するところとなっていました。爛熟したギリシア文化の地を支配することはローマ社会全体の弱体化につながりかねないため大きな論争がおこりますが、小アジアを支配するペルガモン王国はその領土をローマに遺贈することになり、東地中海域に介入せざるをえない情況となります。

領土の拡大にともないローマ社会にはさまざまな問題が浮上します。地中海域の広い範囲に派遣される兵士たちの多くは農民だったため、兵役にある期間は農作業ができず、農地は荒れ放題になっていきました。このため戦争に勝利して帰国しても、農地を手放すしかありませんでした。このことがローマ軍の弱体化を招き、紀元前2世後半になるといくつかの戦いで敗れるような自体になりました。グラックス兄弟は健全な農民の育成がローマ軍の再興につながるとして貴族や富裕者の土地所有を制限する方策を実施しようとしますが、彼らの反対にあって失敗します。この失敗を繰り返さないため、その後の有力者は兵士に給金を払う一方、自らに忠誠を誓わせたため、兵士たちは有力者の私兵と化し、有力者同士の戦いは内戦のような激しさを呈するようになりました。内乱を最終的に鎮圧したのがカセサルで、地中海世界全域を支配する独裁者になりました。しかし、絶対的な権力を獲得したカエサルが王になることを狙っていると考えた人びとによって惨殺されると、ローマは再び内乱狂態に戻ります。このときアントニウスとクレオパトラを破ってローマ世界を統一するのが初代ローマ皇帝となるアウグストゥスです。

アウグストゥスの周到な構想によって実現したローマ帝国は、その後約3世紀間、地中海世界だけでなくブリテン島やメソポタミアを支配します。トラヤヌス帝のときその版図は最大となりますが、紀元3世紀に入ると周辺異民族の侵入を許すようになり、混乱と衰退の時代に入っていきます。そしてついに紀元4世紀前半、コンスタンティヌス大帝は都をコンスタンティノポリスに遷し、395年にはコンスタンティノープルを首都にする東ローマ帝国とローマを首都にする西ローマ帝国に分裂します。東ローマ帝国はその後も1000年以上にわたり続きますが、西ローマ帝国は476年に滅亡します。その後は統一的な勢力はなく分裂した状況が長く続き、ようやく1870年に統一がなされます。

近代国家としての統一が遅れたことは、産業の近代化だけでなく植民地獲得においてもイギリスやフランスの後塵を拝することになります。このことがやがて国家社会主義であるファシズムを生む原因のひとつとなり、やがて第2次世界大戦に巻き込まれ、敗戦することになります。しかし、1960年代の「イタリアの奇跡」に象徴されるように戦後復興をみごとになし遂げ、現在先進国の一翼を担っています。特に北イタリアの中小企業を中核とする付加価値の高い生産活動はイタリア経済の推進力でもあります。また、多くの世界遺産が物語るように観光産業もイタリアを支える経済活動の重要な一翼を担っています。

一方、ローマ・カソリックの中心であるローマ教皇庁はごく短期間ローマを離れることはありましたが、終始ローマにあり、宗教界の中心であっただけでなく、俗世界にも大きな力を保ち続けてきました。現代世界においてもその影響力は決して小さなものではありません。また、19世紀後半以降、南部イタリアとシチリアからは北米と南米に数多くのイタリア人が移住し、現地で一定の勢力を確保しています。

2．イタリアの世界文化遺産

2013年10月現在、イタリアの世界遺産は47件にものぼり、国別としては世界最多を誇っています。このうち自然遺産が3件あるため世界

レーティシュ鉄道

文化遺産は44件となりますが、これも世界で最も多い件数で、2位スペインの38件を大きく引き離しています。世界文化遺産全体でも6％を超えています。これほど多くの世界遺産がイタリアにある理由としてはいくつかのことが考えられます。そのひとつが人類史上最強最大ともいわれる古代ローマ帝国の中心だったばかりでなく、ローマン・カソリックの大本山である教皇庁が終始ローマにあり続け、キリスト教界の中枢であったことでしょう。世界遺産に登録されている「ローマ歴史地区、教皇領とサン・パオロ・フォーリ・レ・ムーラ大聖堂」はそのことを象徴的に示しています。公共広場、アウグストゥス霊廟、ハドリアヌス霊廟、パンテオン、トラヤヌスの記念柱など古代ローマの建築物や記念碑だけでなく、ヴァチカン市国のサン・ピエトロ大聖堂なども含まれています。このほか、ポンペイ遺跡、ピアッツァ・アルメリーナのローマ時代別荘、ハドリアヌスの別荘などもローマ時代に属する遺跡ですが、それに先立つギリシア植民都市のものもあります。それがアグリジェントやパエストゥムの考古学地区です。

さらに、イタリアには中世から近代初期まで統一的な勢力がなく、それぞれの地域が都市国家（コムーネ）の状態にあり、競うように教会などの壮麗な建物を建築し、受け継いできたことも世界文化遺産が多い理由です。ビザンチン時代に属するラヴェンナの初期キリスト教建築群、ヴェネツィアやピエンツァ、フィレンツェ、ピサ、シエナ、ナポリなどの都市、そしてサン・ジミニャーノやアルベロベッロなど特徴ある小都市が登録されています。また、ティヴォリのエステ家別荘、サヴォイア王家の王宮群のような建築複合体やパドヴァノの植物園なども含まれています。トルコや中国と並んで各時代を代表する文化財がつねに建造されてきた歴史の厚みをこれらの世界遺産がよく示しています。以上の理由のほかに、イタリア政府が世界遺産の記載に熱心であり、あいついで世界遺産への記載を働きかけてきたこともうひとつの理由とすることができるかもしれません。1997 年には一挙に 10 の世界文化遺産を記載しています。現在の記載状況では考えられないことです。

42 件あるイタリアの世界文化遺産の内容はきわめて多様性に満ちています。最も古いのは先史時代の中石器時代に遡るヴァルカモニカの岩絵群です。耕作、戦争、呪術などに関するモチーフが磨崖の至るところに刻線で表されています。一方、新しいものとしては、近代化遺産としてのクレスピ・ダッダのような現在でも一部稼働している工場とその関連施設群あるいは山岳鉄道があります。山岳鉄道はレーティシュ鉄道と呼ばれ、アルプス山中に設けられたものでスイスとこの世界文化遺産を共有しています。シチリア島を含むイタリア南部には、パンタリカの岩壁墓地のようにギリシア文化が影響する以前のシチリアの古代文化を物語る遺跡もあれば、ギリシア植民都市起源やローマ帝国時代の世界文化遺産も多く、イタリア北部には、中世を中心にしたキリスト教関連の文化遺産が多い傾向があるといえましょう。さらに、中部以北の代表的な都市のほとんどに世界文化遺産があるということもできます。

第2章　ローマ歴史地区とその周辺

1．ローマ歴史地区、教皇領とサン・パオロ・フォーリ・レ・ムーラ大聖堂（P.6 地図の❸）

イタリアとヴァチカン市国にまたがる世界文化遺産です。ヴァチカン市国は独自にこれとは別の世界文化遺産として記載されています。古代ローマ帝国に関連する文化遺産とローマ・カトリックの総本山であるローマ教皇庁に関係する文化遺産によって構成されています。永遠の都、ローマに関連した世界文化遺産ということができましょう。1980年と1990年に登録されました。

ローマを貫流するテヴェレ川は、外港だったオスティアを通じ、地中海全体と結ぶ最重要の交通路でした。王政ローマでは非常時に取り壊せるよう木製の橋が架けられました。テヴェレ川の川港のあった、現在、真実の口のあるあたりから、ローマは交易を通じ勢力を拡大していきました。まず、丘の上に住んでいた人びとの中間地として谷底の合議の場所であるフォロ・ロマーノ（ローマ広場）が発展しました。前6世紀に湿地だった谷底を嵩上げし、排水するための大下水溝（クロアカ・マクシマ）が作られました。テヴェレ川への排水口が今でも見られます。

王政期の七つの丘をぐるりと囲んだ軍備上の最初の防護壁がセルウィウス城壁です。現在ローマのあちこちに残る凝灰岩のブロックの積まれた城壁の断片は、前4世紀の改修時のものです。この城壁は、カエサルによって取り壊されました。2番目のアウレリアヌス帝の城壁は、全周約19キロメートルでより広い面積を囲んでいます。高さは6～8メートルで、城門や塔が取り付けられています。煉瓦を積んだ枠にローマン・コンクリート工法で頑丈に建てられています。蛮族の侵入を防ぐため、271年頃作られました。緊急に建設されたため、既存の建物を取り込んで利用しています。

城壁から街道が帝国各地に向けて発しています。共和政期から道路が盛んに整備されました。ギリシアやオリエントへの港、南イタリアのブリンディシと結ぶアッピア街道は、前312年にアッピウス・クラウディウス・カエクスにより着手されました。城壁の外側には田園が広がり、街道沿いには十二表法で決められたように、墓地が作られました。現在でも共和政から帝政期の霊廟や墓記念碑、地下のカタコンベが非常に良く残っています。オスティア街道は、サラリア街道（塩の道）が地中海の塩田と結ぶために延長してできた道路です。ローマの街道は正確に測量されたうえで、岩盤まで掘られ、その上に砂やローマン・コンクリート、平石などで頑丈に舗装されていました。1ローマン・マイル（千歩）ごとにマイルストーンが置かれ、ローマ人は各都市間の距離が記された里程表を手に旅に出たのです。

フォロ・ロマーノ（ローマ広場）

フォロ・ロマーノこそ帝国の中心であり、壮麗な公共建築物が軒を並べる多目的広場です。広場で北に向かって立つとそこには崖がそびえ立っており、それがカピトリウムの丘です。この丘の上に前7世紀末に建てられた最初の国家神殿が、ユピテル・オプティムス・マクシムス、ユーノー、ミネルウァ神殿です。このエトルリア式神殿の基礎部分はカピトリーニ美術館に原位置で展示されています。カピトリウム丘の崖は、そこに前78年に公文書保存所が建設された時、凝灰岩ブロックで化粧されたコンクリート造りの基礎とその上に2段に重なるアーケードによって美化され、ローマ広場の舞台背景となっています。今でも基礎と下段のアーケードのうちの3基のアーチを目にすることができます。

守護神に守られた丘の麓の広場は、ローマの政治的・軍事的・経済的

フォロ・

中心として、また法廷や市場、娯楽の場として機能しました。広場は前２世紀にはギリシアのアゴラに倣って列柱廊が備えられましたが、周囲の建物にはそれぞれの機能にあわせたプランが工夫されました。多数の柱礎の残る大規模なバシリカ・アエミリア（前179年）と対になるバシリカ・ユリア（12年再建）は、広場に屋根をかけた形のホール建築で、裁判、取引、集会など多目的に使用されました。ローマ市の起源と関わる設備であった民会（コミティウム）集会所は、付属していたクリアとロストラ（演壇）のみを残し、度重なる改修の果てに消失しました。東西に座席の配置されていた元老院（クリア）はディオクレティアヌス帝による改築です。床面は色大理石板の切嵌め細工（オプス・セクティ

ロマーノ

レ）で豪華に舗床されています。

王政期の王の住居に由来し、共和政期に祭祀を司る王と最高位神祇官の祭事の場となったレギア（「王の家」)、その王の家のかまどに由来する円形の「ウェスタ神殿」が広場の南端のカエサル神殿の裏に残されています。カエサル神殿はカエサルが火葬された場所を記念して作られた円形祭壇を半円に取り囲む部分を前方に持つ神殿で、ローマン・コンクリートの基壇部分が残り、プランを確かめることができます。広場の南西角、カピトリウムの崖の前方にそびえ立つ基壇の上の８本のイオニア柱はサトゥルヌス神殿です。起源はカピトリウムのユピテル神殿に次いで古く、前５世紀に遡るはずですが、現存する遺構は前 42 年にアウグストゥスの依頼による再建時のものです。基壇は凝灰岩と石灰華を枠とするコンクリート工法で、表面は大理石で覆われていました。農耕と冥界などの神の神殿としてのみならず、ローマの国庫としての機能も果たしていました。

カストルとポルクス神殿は、広場の南東角に建てられています。現在は3本の円柱が残されています。エトルリア人の王と戦った際、ローマ軍を助けたギリシアの双子神が再び顕現した地点を記念して前5世紀に建立されました。度重なる改築の後、6年ティベリウス帝によってコリントス式の周柱式の神殿に一新されました。基壇は7メートルと高く、階段は演壇としても機能し、内陣では元老院の集会が催され、階段下の空間は度量衡の基準器が置かれ、金融業者の店舗などがありました。

広場の北東に位置し、高さ約20メートルで現在最も目立つのがセウェールス帝凱旋門です。三連アーチ上部には碑文の刻まれたアッティクが載り、戦闘と凱旋を表した浮彫が左右アーチ上部両面を飾っています。セプティミウス・セウェールス帝により、195～203年にパルティア戦勝を記念して建造されました。煉瓦と石灰華、およびコンクリート工法で建てられ、表面はペンテリコン大理石で化粧張りされ、プロコンネソス大理石円柱を使用し、浮彫はカラーラ大理石です。浮彫の表現は古代末期的な表現主義と空間表現を示す重要な作品です。

ティトゥス帝凱旋門　パラティヌスの丘とフォロ・ロマーノの間に立っています。ローマ最古の道「聖道（サクラ・ウィア）」が通る場所です。凱旋行列はこの道を通りました。ペンテリコン産大理石で化粧張りされた、高さ15メートルの小型の凱旋門です。コリントス式とイオニア式を合成したローマ的な複合式柱頭を採用しています。アーチの内側の左右パネルにはエルサレム神殿から戦利品を運ぶローマ軍（右）とティトゥス帝凱旋（左）の浮彫装飾が嵌められています。

コンスタンティヌス帝凱旋門　312年のミルウィウス橋での戦勝を記念して建てられました。セウェールス帝凱旋門同様三通路式で、最も新しく保存状態も良いものです。高さは21メートルで基礎と下部が石灰華、アッティカ（最上階）は煉瓦で表面は白大理石化粧張り、円柱は古代黄色大理石です。多くの浮彫パネルで装飾されますが、2世紀のモニュメントから剥がしてきた古典的な様式の浮彫を多数再利用している点が、古代末期の特徴を表しています。トラヤヌスのダキア戦記、ハドリアヌスの狩猟トンド、マルクス・アウレリウスのマルコマンニ戦記に現れる各皇帝の肖像はコンスタンティヌスの肖像に彫り直されています。4世紀のオリジナルの浮彫はコンスタンティヌスのミルウィウス橋戦を表現した細いフリーズで、その様式はずんぐりした人体の表現主義的様式です。キリスト教石棺と同じ工房で作られたことがわかっています。

フォロ・ロマーノは、急速に発展したローマの中枢機能を司るには手狭となりました。まずユリウス・カエサルがフォロ・ロマーノの東側に新たな広場を前54年に計画しました。さらにローマにふさわしい公共建築として、前42年からアウグストゥス広場の整備が開始されました。カエサル広場と似たプランですが、90度向きを変え、より大きな規模で作られ（125×90メートル）、アウグストゥスの権力の正統性を主張しています。この新たな広場はムッソリーニによって作られた道路により、フォロ・ロマーノと切り離されています。ヘレニズム都市のアゴラに倣いつつ、左右対称という点でよりローマ的であり、色大理石を多用した豪華なものです。トラヤヌス広場は107～113年に建設された最後で最大の広場で、全長310メートル幅185メートルです。建築家はダマスクスのアポロドロスです。広場（89×118メートル）、バシリカ（169メートル）、2つの図書館、トラヤヌスの墓室としての機能を持つダキア戦勝記念柱（総高38メートル）、神殿から構成された広大な複合体です。トラヤヌスの市場跡といわれる遺構がクィリナーレの丘斜面に作られています。トラヤヌス広場のエクセドラに対応して、半円形の3階建の建物が作られ、1階は店舗のような矩形の部屋が並んでいます。全体で170余りの部屋があり、店舗や住宅のほか官僚のオフィスとして使用

コロッセウム

カラカラ浴場

ハドリアヌス帝廟

パンテオン

されたいう仮説が提示されています。

コロッセウム

ネロ帝の黄金宮の人工池をつぶして建てられた円形闘技場です。ウェスパシアヌス帝が70年頃に建造開始し、ティトゥス帝が80年頃に完成しました。長軸187.7×短軸155.6メートルの楕円形、外壁は4階構成のアーケードで下からドーリス、イオニア、コリント式の円柱が付き、高さ48.5メートルで、収容人数約4万5千人という帝国最大規模を誇りました。外壁やピアなどは石灰華ブロック、上層壁やヴォールトはコンクリートでした。剣闘士競技は404年まで、人と猛獣の闘いは523年まで行われました。

大戦車競技場（チルコ・マッシモ）

パラティヌスとアウェンティヌスの丘の谷に位置し、最大規模が長さ600メートル幅140メートルにも達した大規模な競技場です。赤・青・白・緑の4組に属する12台の戦車（普通4頭立ての馬車）が反時計回りに7周して順位を競いました。4世紀の収容人数は38万5千人と絶大な人気があり、競技は550年まで開催されました。

城壁内には公共浴場や劇場、市場、住宅など各種建築物が所狭しと建ち並び、城壁外の道路沿いには霊廟や墓地が作られました。

カラカラ浴場

211/12～216年に建てられ、537年ゴート族にマルキア水道が破壊されるまで使用されました。337×328メートルの広大な外壁で囲まれた敷地の中に浴場施設と庭園、貯水槽、スタディウム、図書館、運動場が備えられました。浴場は、左右対称のプランで、中心軸上に南から円形の熱浴室（カルダリウム）、温浴室（テピダリウム）、広間、冷浴室（フリギダリウム）が並び、少し離れて、サウナ（ラコニクム）と脱衣室（アポディテリウム）が置かれています。熱浴室の天井は直径35メートルの大ドームが架り、軽量化のために素焼きの壺が屋根材として使用されていました。一方、中央広間の天井は高さ33メートルの交差ヴォールトです。またこのように大規模な浴場設備が可能となったのは、束柱によってできた床下空間を炉からの熱気が充満することで可能になるヒポカウストゥムと呼ばれる床下暖房設備の開発によります。突起のある瓦（テグラ・ハマタ）や中空煉瓦（トゥブルス）による壁の暖房も同様に行われました。

ハドリアヌス帝廟（カステル・サンタンジェロ）

テヴェレ川を渡った、前1世紀からローマで流行したトゥムルス（墳墓）型の墓で、エトルリアやヘレニズムの墓に起源のあるタイプです。直接的なモデルはアウグストゥス廟と考えられます。84メートル四方の正方形プランで10メートル高の基壇の上に、直径64メートル、高さ21メートルの円塔が立ち上がり、屋上には土が載せられて糸杉が植えられていました。さらにその上にトロス（ドームのかかった円形神殿）が立ち、頂上には戦車に乗ったハドリアヌス帝の像が置かれていました。基壇は石灰華に大理石上張り、内部はコンクリート壁でヴォールト架構、円塔部はコンクリート造りにパロス大理石仕上げでした。139年完成し、ハドリアヌス帝以降ゲタまでの数人の皇帝と家族が葬られています。

パンテオン

先行する神殿が2度焼失したため、ハドリアヌス帝が自ら設計し、118～135年再建しました。神殿内では法廷や元老院の会議、謁見にも利用されました。正面の列柱玄関には8本のコリント柱が三角形のペディメントを支えて一見普通の神殿のような外観です。しかし本体は円形神殿で差渡し43.8メートルものドームの規模は19世紀まで乗り越えられることはありませんでした。圧倒的な衝撃を与えるこのドームの大きさは、モルタルや基礎の強度の強化、コンクリートの骨材の段階的な変更と、ドームの中に空洞の部分を作ることによる軽量化などで可能となっています。コンクリート・ヴォールトはここに完成し、あらゆるドームの手本になったともいえます。ドームには天空やローマ世界のイメージが投影されたと考えるのはそれほど突飛なことではありません。

サン・ピエトロ大聖堂

サン・パオロ・フォーリ・レ・ムーラ大聖堂

内部には７つのニッチが設置され、七惑星との関係が指摘できます。また天井にあけられた丸窓（オクルス）から見上げることのできる天空そのものをこのドームは表象しているともいえます。

ナヴォナ広場

86年にドミティアヌス帝によりマルスの野に建造された競技場です。中世には競技場に礼拝堂、住宅や塔が建設され、15世紀に市場が移設されるなど混乱した状況を呈していました。そこで、バロック時代に盛んとなったローマ都市計画再開発がここで最大規模に行われました。すなわち、ここにみどころが盛りだくさんの広場を作り上げたのです。8世紀からあったサンタニエーゼ・イン・アゴーネ聖堂を1652年にボロミーニが仕上げ、ウィルゴ水道を引いて３つの噴水を作り、特に目を引く中央の四大河川の噴水はベルニーニの傑作です（1651年）。

このほか、都市計画事業の一環として作られた種々の建造物の多くはローマ観光の中核として多くの人びとを集めています。ルネンサンス期にミケランジェロが設計したカンピドリオ広場（またの名をミケランジェロ広場）があります。有名なバロック期のスペイン広場（トリニタ・ディ・モンティの階段）も、教皇インノケンティウス13世の発注により、1723～6年、F・デ＝サンクティスが制作しました。焦点となるバルカッチャ噴水（1598年の洪水を記念）は1629年教皇ウルバヌス8世がベルニーニ親子に発注させたものです。また、トレヴィの泉は、高さ26.3メートル 幅49.15メートルのモニュメンタルな泉で、ローマの象徴的な存在となっています。教皇クレメンス12世のコンクール開催の後、N・サルヴィの設計で建設され死後完成したものです（1732～62年）。いずれの作品も、モニュメントに機能を超えた意味を吹き込み、都市を劇場化することに成功しています。

ローマ教皇庁（サン・ピエトロ大聖堂）

ローマにはキリスト教に関連する多くの建造物があります。ローマ郊外のヴァチカンの丘にはかってネロ帝の競技場と墓地が広がり、使徒ペテロはそこで殉教したと考えられ、すでに2世紀に記念碑（ガイウスのトロフェウム）が建てられ、巡礼者の落書きが残されていました。その記念碑をアプシスの中心に据えて、4世紀にコンスタンティヌス帝は翼廊のある五廊式バシリカを建設しました。8メートル以上の高低差を均すために4万立方メートル以上の土の移動が必要でした。16世紀に取り壊されるまでヨーロッパ最大規模の聖堂は多くの巡礼者を集め、墓地教会堂として多くの墓や霊廟が作られました。9世紀には教会の本山はラテラノからヴァチカンに移されました。現在の聖堂はミケランジェロのプランによるもので、交差部には内径42メートル高さ104メートルのドームが架っています。ファサードはマデルナ案が採用され、身廊は幅25.8メートル高さ45.8メートル、入口からアプシスまで183メートルとなりました。ベルニーニによる広場が前方に取り付けられ、高さ18.3メートルの円柱を248本使用した壮大なコロネードは古代ローマの広場を想起させるものです。

サン・パオロ・フォーリ・レ・ムーラ大聖堂

オスティア街道沿いで殉教し埋葬された使徒パウロに捧げられた聖堂で、コンスタンティヌス帝時代の小さな聖堂にかわり、大きな聖堂建築の要請が3人の皇帝テオドシウス、アルカディウス、ウァレンティヌス2世によってなされ、ホノリウス帝（395～432年）のもとで完成しました。しかし1823年火災で焼失し、現在見ることができる五廊式のバシリカ式聖堂は新古典主義の様式による再建です。4世紀半ばから異教禁止令や国家祭祀のための基金の撤廃、祭壇の撤去などが通達されてもキリスト教に改宗しなかった異教徒の貴族にとって障害となったのは、キリスト教徒たちの教養の低さであったとも言われます。そこで、ローマ市民権を持ち、「異教徒の教師」と呼ばれたパウロに脚光を当てることにより、異教徒の知識人たちの入信を促すキャンペーンが張られたのでした。4世紀末に使徒パウロの地位が引き上げられたのは、皇帝たちの梃入れがあったからでした。

サンタ・マリア・マジョーレ聖堂

教皇シクトゥス３世（432 ～ 440 年）が献堂したことがモザイクの銘文に記されます。教皇の発注による最初の聖堂として重要です。外側は後代の修復で覆われていますが、創建当初の姿が良く残っている例です。５世紀のローマの他のバシリカと共通の壁体構造（煉瓦２列に石１列の繰返し）と三廊式のプランです。アプシスは改修されていますが、凱旋門型アーチ（キリスト幼児伝）と身廊壁面（旧約伝）の豪華なモザイクは５世紀のオリジナルです。エフェソス公会議のドグマと新旧約聖書の発展的対応を説く予型論の反映が読み取れます。５世紀は、本来ただの司教にすぎなかったローマの司教が、ペテロの後継者としてずば抜けた権威を主張していく時代です。聖堂の建立も教皇首位権のプロパガンダのために利用されたので、ローマに大規模で豪華なバシリカ式聖堂が続々と建てられたのです。

このほかにもそれぞれに由緒のある多くの教会があり、厚い信仰を集めています。

ローマに世界の歴史の中心のひとつがあったことをこれらの世界文化遺産は示しています。

２．チェルヴェテリとタルクィニアのエトルリア古代墳墓群

（地図の㊵）

エトルリアの歴史

夏目漱石の『吾輩は猫である』に「七代目樽金」という「羅馬」の王様の話が出てきます。九冊の予言の本を持ってきた「女」（女占い師シビラ）から本を買い惜しむ話です。この王こそが、伝承によれば初代ロムルス（その治世はローマ建設の前 753 年からとされる）から始まる古代ローマ王政期の、７代目の王タルクイニウス・スペルブス（治世前534 ～ 509 年）です。じつはラテン人の王、つまりローマ人自身の王は初代ロムルスから４代目までのみであり、５代目タルクイニウス・プル

スクス以降はエトルリア人が王位に就きます。この5代目はその名のとおり、エトルリア都市タルクィニアの出身です。しかし王政は、その「七代目樽金」ことタルクィニウス・スペルブスを最後にして前509年に終わり、共和政に移行します。ローマ民衆によって追放されたのは、スペルブス（傲慢）であり、予言書を全て買わなかったかので未来を見通せなかったからでしょうか。

しかし3代にわたるエトルリア王は、フォロ・ロマーノの整備、セルウィウスの城壁建造、貨幣発行、政治区分設定、ケントゥリア会設置、地下排水路構築などハード・ソフト両面にわたりローマに大きく貢献します。共和政ローマとは、エトルリア化という近代化をしてそれから摂取し、それを超克しようとした時代なのです。後進ローマに対して、エトルリアこそがそれを導いた先進文明であり、その一大中心地がタルクィニアでした。

エトルリア人はローマ以前の古代イタリアの民族です。古代イタリアの諸民族は、イタリ語など印欧語族に属するのが多い中、エトルリア語は非印欧語起源です。しかし、前1世紀にイタリア半島がローマ化されると、ラテン語が全域を覆うようになりました。ゆえに、碑銘などではない、エトルリア語の長い文献は遺っていません。たしかに後代のギリシア人やローマ人の著作はエトルリア人について語っていますが、それには誤りや錯誤が多い。したがって、ローマ以前のイタリア半島の諸文化、その中でも格段に発展していたエトルリア文明を知るためには考古学資料の重要性は高いのです。

しかしエトルリア文明の起源や形成過程を再構築することは現在の研究状況では難しい。たしかなことは、前9世紀初頭にはヴィッラノーヴァ文化の担い手として、アルノ河、テベレ河、アペニン山脈などに囲まれたイタリア半島中西部に分布していたことです。前8世紀には人口も増大し、生産品は増大しかつ専門化しました。鉱物資源は豊かで、ティレニア海での航海が開始されます。前8世紀後半には、オリエントやギリシアからの最初の輸入品も到来するようになりました。前7世紀冒頭には、ギリシア人から文字を学び、エトルリアは歴史時代に入ります。前7世紀から6世紀は東方化様式時代と呼ばれるように、先進のオリエント文明からさまざまな輸入品や贅沢品や概念が導入されました。この時期にタルクィニア、チェルヴェテリ、ヴルチなどの沿岸部の大都市が富を蓄積したことは、富裕階級の墳墓とその副葬品といった物証から明瞭です。ティレニア海に制海権を確立し、前6世紀のアルカイック時代にも繁栄が進み、富は広く人びとにも浸透しました。その支配は、イタリア北東部、カンパーニア地方、ローマやラツィオ地方南部にまで及ぶようになります。

しかし、前6世紀から5世紀に大きな転換が訪れました。考古学資料は貧弱となり、諸都市が衰退していったことが分かります。海上交易も盛んでなくなり、エトルリア文明の中心は、キウジ、ウォルシニイ（オリヴィエート）、ペルージャなどの内陸に向かいました。

前4世紀にはローマの擡頭が顕著となります。エトルリア諸都市は次々に陥落し、ウォルシニイが前265/4年に征服され、エトルリアはローマの支配下に入ります。しかしエトルリアの諸都市は、ある程度の自治権は保持しており、未だエトルリア文明は滅亡はせず、ローマ支配下での繁栄は享受していました。しかし、同盟市戦争（前91～前88年）の後、イタリア半島の全ての住民にローマ公民権が付与され最終的なローマ化が進みました。帝政期のはじめにはエトルリア語は死語となっていきました。

ただし、ローマ帝政時代にもエトルリア人はもちろん存続し、その貴族は尊敬されていました。特にローマの後背地としてのタルクィニアにおいてはそうです。タルクィニアといえばそのエトルリア時代が有名ですが、ローマ時代にも重要な都市なのです。そのようなタルクィニアに関する歴史観あるいは研究の限界を克服すべく、日本隊がローマ時代のタルクィニアの海浜ヴィッラ・カァツァネッロを発掘しました。2004年に「チェルヴェテリとタルクィニアのエトルリア古代墳墓群」が世界遺産（文化遺産）に登録されました。なお、現代のタルクィニアの町は中世のもので、エトルリア時代の都市は内陸に入ったところにあります。

タルクィニアの古代墳墓群

エトルリア文明の重要な沿岸都市であったタルクィニアには、200 基ほどの墳墓がモンテロッツィなどの 750 ヘクタールほどに分布し、多くの石棺も出土しています。墳墓は墓室を有し葬祭絵画が施されています。そのことはタルクィニアだけに見られることではありません。しかし資料が大変に豊かで、前 7 世紀から前 3 世紀までの文明の変遷を辿ることができるのはここだけです。葬祭絵画を伴った墓室は、生前の住居を再現した貴族階級のもので、そこには葬祭競技、宴会、踊り、狩り、性的行為などが描かれており、このような日常生活が死後も続くと信じられていたことを示しています。

ギリシア美術こそ生気に溢れたものですが、エトルリア美術はさらに奔放、あるいは規範から離れる自由や素直さ、それゆえの活気に溢れています。ギリシア人も神々を自覚的に信じましたが、エトルリア人は文化の基層レベルから神々と運命にすがる思いが強い。ギリシア人の宗教が信仰ならば、エトルリア人のそれは信心です。その想いが横溢し、芸術も濃密あるいは煩雑なのです。このような理由で、エトルリア美術はギリシア美術の模倣に終始した地方的なものであるとの見解は正しくありません。ギリシア美術がエジプト美術の模倣であったように、エトルリア美術も模倣であるかもしれませんが、そこには明らかに濃厚な固有性があります。

現在見学できるタルクィニアの古代墳墓群のひとつが《豹の墓》です。宴会、舞楽、供物を持った人物の行列などが描かれています。故人の死後の生活を表しているのであり、故人を紐帯とした遺族の現世界での社会的地位をも強調する機能を持っています。天井と棟木が墳墓の掘削という形態と絵画によって表現されています。棟木部分には円盤文様、天井の勾配部分には市松文様が描かれています。墳墓奥壁の破風に一対の豹が 2 頭、樹木を挟んで描かれています。その下には葉冠をかぶって着飾った 3 組の人物が宴会用の寝台に横たわり、従者たちにかしづかれて談笑し、キュリクスや、豊饒や不死のシンボルとしての卵を持っています。褐色の肌は男、白い肌は女を意味するので、左の 1 組は男同士の組で、他の 2 組が男女の組ですが、ここに描かれる女はギリシアにおけるようなヘタイラ（遊女）ではなく、妻であると解されます。平面的で保守的な様式はアルカイック時代のものですが、ギリシアの赤像式陶器の影響を見ることもできます。したがって、前 480 年から前 470 年頃、ちょうどアルカイック時代末期からクラシック時代への移行期のものです。

タルクィニア国立博物館

タルクィニア出身のジョバンニ・ヴィッテレスキ枢機卿が 1436 年から 1439 年にかけて造らせたパラツッオ・ヴィッテレスキが、現在は国立エトルリア博物館として使われています。ルネサンス時代の建物でゴシック的要素も混じっています。

1 階には石棺、前 3 世紀から前 1 世紀の葬祭彫刻、2 階にはヴィッラノーヴァ文化の遺物、さまざまな器形のギリシア陶器やエトルリア陶器、3 階にはアラ・デッラ・レッジーナ出土の前 4 世紀初頭の高浮彫《有翼の馬》などがあります。また、保存上の理由からモンテロッツィのネクロポリスの 4 つのエトルリア墳墓からストラッポ技法により剥ぎ取られてきた壁画が展示されています。

タルクィニアにおいて博物館は、街で最も中心的で目立つランドマークです。博物館とは倉庫あるいは蔵ではありません。日本語での「博物館行き」との表現は、「お蔵入り」と同様に、もう用のない物品の廃棄一歩手前の処理をいいます。しかしイタリアでは、歴史を物語る物がある博物館は、そこからまた物語が始まる場所と見なされます。タルクィニア博物館は名家のみごとな館であり、ゆえに海から丘を登って市壁に

タルクィニアの古代墳墓群入り口付近

古代墳墓群遠景

《豹の墓》に描かれた壁画

タルクィニア国立博物館

入った特等地に位置し、そこから街のメインストリートが始まります。博物館は保存、研究、公開を目的としますが、そのためにも人びとの中心にあるハブでなくてはなりません。

チェルヴェテリと古代墳墓群

ローマの北西約 50 キロに位置する南部エトルリアの沿岸大都市です。特に前 7 世紀から前 6 世紀にかけては地中海域でも有数の人口を誇ったと考えられています。いくつものエトルリア遺跡の中でも、特に前 7 世紀から前 3 世紀の墳墓があるバンディタッチャ古代墳墓群が有名です。前 7 世紀には大型塚墓、同世紀末から前 6 世紀前半にはやや小型化した塚墓を特徴としますが、前 6 世紀後半以降は立方体型墳墓が圧倒的に多くなります。前 5 世紀に入ると大きな転換が訪れ貧弱化が進みます。しかしローマの完全な支配下に入る前のヘレニズム時代初頭、前 4 世紀から前 3 世紀初頭には、再び部屋型墓が現れます。

そのヘレニズム初期の代表例である《浮き彫りの墓》は、墓標と壁龕にある碑銘から、裕福な貴族マトゥーナ家のものとわかります。前 4 世紀から前 3 世紀初頭によく見られるように切り妻天井、棟木、垂木などが彫り出され、墓室内には家が再現されていますが、この死後の家は特に豪華で柱や壁には武具、壺などさまざまな道具が彩色浮彫によって表現されています。奥壁には頭が 3 つある地獄の番犬ケルベロスと、冥界と関係が深いスキュラが表されています。この家の番犬でしょうか、さかんに吠える犬も彫り出されています。墓は何世代にもわたり多くの縁者が追葬されましたが、皆が宴会用の寝台に横たわって談笑し飲み食い、死後の世界もさぞかし賑やかだったことでしょう。

《夫婦の石棺》(ヴィラ・ジュリア国立博物館蔵)は、チェルヴェテリに特有のテラコッタ製の棺です。一組の男女が宴会用寝台の上に上半身を起こしつつ横臥していま。アーモンド型の眼、女の髪、男の髭の表現が上品でみごとですが、しかし何よりも手の仕草が豊かです。それにより愛や信頼という感情が表現され、時空間や文明を超える普遍的なものとして私たちをうちます。アルカイック時代末期の前520年頃のものです。

エトルリア壁画の文化財科学・保存修復の観点からの意義

エトルリアの古代墳墓群は、歴史学的・考古学的観点からだけでなく、文化財科学・保存修復の観点からも多大な意義があり、特に日本の喫緊の問題に多くの示唆を与えます。つまり高松塚、キトラ古墳級のものは、日本にはそれらしかありません。一方イタリアには数も種類もきわめて多いのです。青柳正規氏によれば以下のごとくです。イタリアの古代壁画とは、①エトルリア時代　前7世紀から前2世紀中頃までの葬祭壁画、②ローマ時代　ポンペイを代表とする住居空間の装飾壁画、③パエストゥム、プーリアのギリシア植民都市時代の壁画、④古代末期のカタコンベの壁画、などがあります。

このうち、エトルリア時代の葬祭壁画は260点ほど発見され、その内190点ほどがタルクィニアに集中しています。地下の凝灰岩を刳り抜いて造った地下墓室墓で、凝灰岩の上に漆喰で下地をほどこした上に、鉱物性の顔料で、石灰の希釈液を溶媒として描かれました。フレスコ画と同様に、漆喰層に浸透して凝固するので、非常に強固です。ゆえに、これを引き剥がすストラッポ技法が可能です。しかし乾燥すると顔料粒子が漆喰層から剥落します。そこで公開はやはり限定的にならざるをえず、公開と保存を両立するためにガラス戸の設置などは不可欠です。カビも発生しますが、特に原位置にある場合には、雨水が壁画面から滲み出て石灰性の結晶膜を形成します。

ローマ時代のポンペイを代表とする住居空間の装飾壁画は、さらに数多くあります。これらも壁画面の石灰性結晶が、強固でストラッポ技法に向いています。しかし、20世紀に入ってから原位置保存と資料の一体性・総体性が重視され、基本的に現地保存が原則です。しかし現地保存では湿気などによる劣化が激しく、しかたがなくストラッポする（剝ぎ取る）こともあります。イタリアでも公開と保存に関して問題が多いのですが、数が多いので試行が可能なのです。私たちはいろいろな観点

チェルヴェテリと古代墳墓群

墳墓と入り口

寝台のある墓室

《夫婦の石棺》（ヴィラ・ジュリア国立博物館蔵）

においてこのイタリアの世界遺産から、日本美術、特に高松塚古墳壁画などに対応するにあたって学ぶことが多いのです。

芦原義信氏（「壁の話し」）によれば、ヨーロッパの住まいにおいては内部空間を限定する壁の意義はきわめて重要であり、壁によって生ずる庇護性によりはじめて家の存在が認められます。一方、日本では荷重は梁などによる軸組が負担し、壁は単なる仕切りである非耐力壁で、構造体ではありません。多湿で屋内の通風が重視され、地震が多発する日本では、建物強度と通風が両立しない組積式は不適なのです。したがって日本には基本的に固定された壁がなく、したがって壁画はありません。

壁画とは壁の一部なので「不動産」です。北アフリカを含めた地中海世界やインドや中央アジアの絵画においては、建築から自由な動産であるタブローは一部でしかなく、「不動産」である壁画（天井画、モザイク、浮彫などを含む）が多くを占めます。一方、日本では絵画どころか美術全般の大半は「動産」です。建築でさえ移築されます。このような中で、高松塚古墳壁画は日本美術の中できわめて特殊で、「不動産」であるがゆえに、日本美術としては例外的に原位置に置くことが強く求められて問題が大きくなったのです（日本には「動産」としての西域壁画－大谷探検隊－に関しての僅かな経験はありますが、基本的に「不動産」としての壁画を扱った経験はこれまでありませんでした）。日本には木や建築の専門家はいますが、特に壁画の専門家の養成が必要といえます。

また日本の美術作品、特に絵画は基本的に「乾き物」です。その多くは紙あるいは絹を支持体とした絵巻、軸物、書画などであり、こういった乾いている装潢《そうこう》文化に対しては、日本は中国を凌駕しておそらく世界一の文化財科学・保存修復の経験と技術力を有しています。しかし高松塚古墳壁画などはきわめて例外的に「濡れ物」です。その支持体は自然界の大地そのものです。

そして日本の風土はイタリアなどよりもはるかに高湿度であり濡れて

います。原位置にある壁画とは「不動産」であり、したがって大地と直接連続したその一部です。そのようなとき、大地からの高湿度が永続する環境下の濡れた状態では、壁画の維持・対処はできず、解体するしかありません。要するに対地球の戦いに勝てるわけがないのです。

イタリアのモデルは、高湿度の日本へのそのままの採用は難しいでしょう。このことはすでに、高松塚古墳壁画に関してイタリアが専門的知識を提供してくれた際にもイタリア側が指摘していたことです。しかしイタリアは、実践の観点でも事例と経験が多く、また修復倫理の観点でも、C・ブランディ『修復の理論』（三元社、2005）などにみるように先進国であり学ぶべきことは多くあります。日本の文化と文化遺産にとってのタルクィニアあるいはイタリアの重要性はきわめて高いのです。

なお、伝世文化財でなく、埋蔵文化財は二度生まれることと、その二度目の生誕は多くの場合偶発的であることも理解されないといけません。たとえば高松塚古墳は一度目は 700 年頃に生まれました。そして二度目は 1972 年に生まれたのです。1970 年の大阪万博を経て 1972 年は田中角栄の「日本列島改造論」等じつに動きの激しい年でした。このような年の 3 月 21 日に高松塚古墳の極彩色壁画が発見され生まれたのも、この歴史遺産の歴史と「生」の一部なのです。反省は必要ですが、現在の時点からの過去の弾劾は意味がありません。有名な木造建築である東大寺の南大門は、明治・大正時代に鉄筋が使用されて保存修復されました。保存修復方法も大事な課題ですが、保存修復する価値があると人びとが考え、これからも考えることが、何よりも大事なのです。

日本は諸行無常を哲学として素晴らしい循環型文化を創り上げてきました。しかし、過去にも深く根ざした現在を生きることにより、つまり歴史遺産に日常的に接して過去から現代を常に逆照射することにより、はじめて盤石で持続可能な未来を創成することが可能となります。だから過去の蓄積と保全と人びとへの提示が必要です。ゆえに日本は、少なくとも部分的には、蓄積型の文化国家へと転換する必要があります。イタリアの世界遺産とは、まさにそのような歴史遺産です。それは単なる物珍しい「お宝」ではなく、「完全性」と「真正性」を備えるがゆえに、過去と現在および未来の contiguità（一体性、隣接性）と continuità（総体性、連続性）（S. Settis, *Italia S.p.A.*, Torino 2002 から）の重要性を黙示する物なのです。

3．ヴィッラ・アドリアーナ（地図の㉛）

ローマ皇帝ハドリアヌスは、ローマから東にティヴォリ市へ向かうティーブルティーナ街道沿いにおよそ 28 キロメートル、ティヴォリ市からは南西のローマ寄りに約 4 キロメートルの場所に、ティーブルティーニ丘の斜面に広大なヴィッラを 118 年から 138 年にかけて作りました。このヴィッラは皇帝の私的な生活を常に送る場ではありませんが、120 ヘクタールを超える広大な敷地に、ギリシアからヘレニズム時代を経てローマ時代にかけて作り上げられてきた古代地中海世界の建築文化が 2 世紀に到達したひとつの状態をくっきりと見せてくれています。

このヴィッラは若干の起伏部を含む緩やかな傾斜地に作られており、もともとは共和政時代のヴィッラが建てられていた場所でした。皇帝ハドリアヌスはこの地に彼の在位全期間をかけてヴィッラを建てたのです。彼は在位中に広大な領地であるローマ帝国内の巡察を長きにわたって行いましたが、その合間をぬって、このヴィッラの建設に関わっていたと考えられています。彼が巡察の合間にローマに戻った時、すなわち 118 年から 121 年の間と、125 年から 128 年の間の 2 つの時期に工事が大きく進みました。

ヴィッラを構成する種々の建物は一見するとばらばらに配置されているように見えますが、北から南にかけて大まかに 4 つのグループに分かれて種々の建物が置かれています。そこにはギリシア、ヘレニズム、ローマを通じて培われてきた建築の意匠や作り方などが生かされている

海の劇場

オスピタリア

とともに、それらがさまざまな形で使いこなされており、訪れる人びとを引きつけています。

まず、最も北側には通称「パラエストラ」「ギリシア劇場」「ニュンファエウム」があります。ギリシア劇場はその俗称とは異なり典型的なローマ型劇場の特徴を備えています。すなわち、半円形平面の客席とオルケストラからなり、舞台と客席は一体化して、全体として内部空間が壁で閉じられています。そのすぐ南東側にある「ニュンファエウム」は実際はアフロディテ神域で、円弧状の列柱廊と直線の壁からなる半円形平面の中庭をなし、そのほぼ中央に円形平面の神殿が建っています。列柱を外側に巡らした円形平面を持つ神殿形式はギリシアのデルフィやエピダウロスに見られるようにギリシア時代から建てられ、イタリアでもローマのテヴェレ川沿いに残る共和政時代末期建設の円形神殿に見ることができます。

そのやや南東側に続く建物群は通称「海の劇場」と称される円形の建物、「図書館」「宮殿」「オスピタリア」「ピアッツァ・ドーロ（黄金庭園）」です。最も独創的で、ルネッサンス時代以降の建築家たちの発想に多大な影響を与えたもののひとつがこの「海の劇場」です。直径が約44 メートルの円形の壁で囲まれた内側に列柱廊が立ち、その内側に幅5メートルほどの水路が巡り、さらにその内側にさまざまな平面形態の部屋を配置した平形平面の中央の島が水路によって完全に分離されて配され、取り外し可能な橋によって唯一繋がっていたと言われています。実際にハドリアヌス帝は一人になるために、意図的にこの橋を取り外して中央の島にある部屋に籠ったとも伝えられています。水路に囲まれた円形平面の部分は、円弧と直線を組み合わせた種々の部屋と列柱廊から構成され、複雑な平面をなしています。こうした円弧と直線を組み合わせた独創的な平面はこのヴィッラの建物に共通する特徴で、「ピアッツァ・ドーロ」や大小の浴場など多くの建物に見られ、その独創的空間構成が後の時代の建築家たちに多くの刺激を与えました。ちなみに水路で囲まれた円形平面部分の建物はひとつのヴィッラ建築のミニチュアのようなものをなしており、ヴィッラ建築に必要とされる主要な部屋がすべて備わっています。

「海の劇場」が持つもうひとつの魅力はその配置にあります。東側の「ポイキレ」と西側の「図書館」の間に位置する「海の劇場」は、その円形という特別な形の特性を最大限に生かして、両者の向きの異なる軸線の折れ曲がりを請け負う役割を果たしているのです。軸線を生かした計画は、古くはエジプトの神殿建築などにも見られますが、本格的に使われるようになったのはヘレニズム時代からで、ローマの「皇帝のフォルム」などに見られるように、ローマ建築の重要なデザイン手法となりました。この軸線を屈折させて用いるという新しい手法をここに見ることができるのです。そしてそれは著名なシチリアのピアッツァ・アルメリーナのヴィッラなどに受け継がれ、その後のキリスト教の教会堂建築などさまざまな建築に使われていったのです。

「海の劇場」に隣接した「図書館」は列柱廊を巡らした矩形平面の中庭にギリシア語の図書館とラテン語の図書館からなる建物が付随しています。さらに南側に隣接して「宮殿」部分があり、ヴィッラ全体の中でも最も破壊が進んでいる所です。この部分はもともと共和政時代に存在していたヴィッラをもとにして作られており、当初の壁による輪郭が残されています。ここはヴィッラ全体の公式な「宮殿」部分であり、列柱を巡らした中庭、その周囲に居室、食事室、図書室などさまざまな部屋が並び、ハドリアヌス帝の公的および私的生活の場となっていました。

「宮殿」のさらに南東側に位置するのが「ピアッツァ・ドーロ」です。矩形と半円形が交互に並ぶ平面をなし、膨らんだ風船のような形をしたドームが架かる玄関ホールを過ぎると、四周に列柱廊を巡らした中庭に出ます。列柱廊の床はさまざまな色の大理石を組み合わせて色彩鮮やかな幾何学模様の仕上げとなっています。玄関ホールの中心軸の最奥にはこの建物の最も重要な役割を果たす部屋が置かれ、前例を見ない独創的

ピアッツァ・ドーロ

ポイキレ

夏の食事室

大浴場

な空間は前述の「海の劇場」とともに後代の建築家たちに大きな影響を与えました。その特異性は、中央部分の空間にあり、凹面と凸面状に緩やかな円弧を描いて柱が並んで中庭を作り、それらの円柱の背後に置かれた部屋も円弧を使った平面をなしています。その結果、これらの部屋にはヴォールト状あるいはドーム状の屋根が架かっていたと考えられますが、中央部の中庭部分には今でも屋根が架かっていたかのどうか不明なままです。この不思議な部屋の両側に、中庭に接して左右対称に５つの部屋とひとつの小さな中庭（アトリウム）がそれぞれ配置されています。

３番目の建築群は上記の建物の西側から南西側にかけて広がっています。まず「海の劇場」の西側に幅 97 メートル、長さ 232 メートルの広さの庭園（中央部に幅 26 メートル、長さ 105.5 メートル、深さ 1.5 メートルのプールを備える）があり、その周囲は列柱廊で囲まれており、「ポイキレ」と称されています。特にこの庭園の北側壁ではその南北両側に沿って列柱廊が延びていますから、季節に応じてその両側の列柱廊を使い分けて散策していたと考えられます。「ポイキレ」の南東側、「海の劇場」の南側には「スタディウム」や「夏の食事室」(「３つのエクセドラを持つ建物」) が見えます。

さらにその南側には「小浴場」「大浴場」「プレトリオ」「カノプス」と通称「セラピス神殿」が続いています。「カノプス」はハドリアヌス帝が帝国巡察の際に立ち寄ったナイル川を追想して作らせたとも言われ、北端部が半円をなした細長い水路で、その南端部には半円ドームの架かる「セラピス神殿」が置かれていました。「セラピス神殿」は背後に巨大なニュンファエウムを備え、水道によってここまで導かれてきた豊富な水がここで流れ出し、前面の「カノプス」の細長いプールへ流れていました。プールに面した側に開いた半円のドーム屋根架かり、その屋根の下は夏用の食事室になっていたと考えられています。一方、「大浴場」と「小浴場」は南北に並んで建ち、大小さまざまな大きさと、矩形、八角形、円形などきわめて変化に富む平面形をなす部屋が軸線を生かした配置によって組み合わされています。

これらの建築が持つ最大の特徴であり、かつ現代の私たちを引きつける魅力は、コンクリートを使ったドーム建築が作り出すその空間であり、またその工学的な技術力に対する驚きです。「セラピス神殿」の直径17メートルほどのドーム屋根はその内側が貝殻のように細長く円弧状に浅く抉られた面をなし、小浴場には湾曲した壁面が立ち上がり、その部屋に湾曲した屋根面が架かっていますし、大浴場では現在でも信じられないくらいの薄さでドーム屋根の一部が残されているのです。このようにこのヴィッラに残るコンクリートによるドーム屋根はいろいろな大きさや平面をなす部屋にさまざまな形をなして架けられ、これまでの単純な球面状のドーム屋根が作り出す空間とは全く異なる空間を見せてくれています。それらがピラネージをはじめルネッサンス以降の建築家や画家たちを引きつけたことは、その遺構を描く数多くの図面やスケッチから窺い知ることができます。

最後の建築群がヴィッラの最も南側で最も高い場所に位置する「アカデミア」と通称「ロッカブルーナの塔」です。前者は周柱廊を巡らした矩形の建物、通称「アポロ神殿」、そして四阿風の建物から成り立っています。「アポロ神殿」は円形平面をなす内側の壁２層分の一部が残されていて、アーチによる開口部や付け柱の一部が見えます。そして「ロッカブルーナの塔」は一辺が17メートルほどのほぼ正方形平面の建物の上に円形平面のパビリオンがのる２階建てとなっています。

このヴィッラという建築そのものはローマ世界において作り出されたひとつの建築タイプであり、それは都市の住宅に対して生まれたものです。古代ギリシア・ローマの世界では人びとは基本的に都市に住んでいました。しかし、ローマ世界では農業地を管理していくうえで、農地のある場所にその農地経営を担う人が住み、同時にいくらかの農作業を行う設備を備えた建物が紀元前４世紀頃より作られはじめました。その

通称セラピス神殿

通称セラピス神殿前面のカノプス

後、そうした農地経営を行うのではなく、むしろ避暑避寒を目的として風光明媚な場所に立つようなヴィッラが紀元前2世紀頃にイタリアで出現するようになりました。そうしたタイプのヴィッラの最も壮大で豪華なものがローマ皇帝によるヴィッラであり、その代表例がこのハドリアヌスの別荘なのです。ここで確立した新しい概念に基づくヴィッラはひとつの明確な建築タイプとして、とりわけルネッサンス以降の建築で復活して作り続けられ、建築空間や意匠などの点でさまざまな建築的試みがなされていくこととなりました。

西ローマ帝国の滅亡後、中世の時代になるとこのヴィッラは廃墟と化して、地元の人びとが自分たちの建物を建てる際の材料を調達する場所となり、ますます廃墟となってしまいました。しかし、ルネッサンス時代になってこの遺跡が人びとの関心を引き、遺跡の調査が行われ、その建物のようすを描いた絵や復元想像図などが出版されるようになりました。その結果、ヴィッラのことが広く知られるようになり、ルネッサンスやバロックの建築家たちに大きな影響を与えることになったのです。そしてその影響は近代の代表的な建築家たちにも影響を与えたのです。

中世に廃墟となったヴィッラに関心を抱いたのは15世紀のローマ教皇ピウス2世で、その後16世紀になって教皇アレクサンデル6世がヴィッラの発掘を命じることとなりました。そうした調査の成果の代表例がピッロ・リゴーリオによって寸法入りの図面となって1723年に出版され、さらにピラネージによって1781年には『ハドリアヌス別荘の現存する遺構図面集』が世に出ることとなりました。ルネッサンスやバロック時代の代表的建築家であるブラマンテ、ラッファエッロ、パッラーディオ、ボッロミーニらがこのヴィッラを訪れ、多大な影響を受け彼らの作品に生かされました。たとえば、ブラマンテの傑作であるローマのテンピエットの計画案は円形の列柱廊に囲まれた中庭の中央に円形平面の教会が建っており、それはこのヴィッラの「海の劇場」に大きな刺激を得たと言われています。またバロックの巨匠であるボッロミーニがローマに建てたサンティーヴォ教会の魅惑的なドーム天井はこのヴィッラに見られるドームの意匠に啓発されたものとして知られています。

このヴィッラの影響はヨーロッパ各地にも広がりました。特に、18世紀以降にフランスのシャルル=ルイ・クレリソーやイギリスのロバート・アダムなどの建築家たちが描いた図面や遺跡の風景が、田園風景の中の遺跡という牧歌的なイメージを与え、その結果、このヴィッラの持つランドスケープがピクチャレスクな景観として知られ、当時の建築や庭園に影響を与えたのです。

その影響は近代以降にも見ることができます。近代建築の巨匠として知られるル・コルビュジェはこの地を訪れ、彼の著書である『建築をめざして』の中でも触れており、さらにアメリカを代表する建築家ルイス・カーンも、このヴィッラを訪れた影響からこれをモデルとして彼の代表作であるソーク研究所の計画案のスケッチに残していますが、残念ながら別の案が実現されることとなりました。

4．ティヴォリのデステ家別荘（地図の㉟）

エステ家のヴィッラはローマ市の東へ約30キロメートルの地にあるティヴォリ市の北西部、アニーネ川の南側に位置し、約4.5ヘクタールの敷地を占めています。最上部に宮殿を置き、南東から北西に向かってやや急な傾斜面をなす敷地に、高さを順次下げながら幾段ものテラスを配置して、水と植栽による美しい庭園が作り出され、後期ルネッサンス時代を代表するヴィッラとなっています。

このヴィッラを作ったのはエステ家の枢機卿であったイッポリート2世です。彼はルネッサンスを代表するフェッラーラのエステ家のアルフォンソ1世とローマ教皇アレクサンデル6世の娘であるルクレツィア・ボルジアとの間に生まれ、まさしく人文主義の環境の中で育ったのでした。そのため当時の著名な芸術家たちの理解ある文化的教養の高いパトロンでもあり、その彼が庭園を備えた立派なヴィッラとして建設しました。もともと 1550 年にティヴォリの統治者として赴任したイッポリート 2 世には、サンタ・マリア・マッジョーレ教会の修道院の一部が公式の住居としてあてがわれていました。しかし、そこが気に入らず、ピッロ・リゴーリオに命じてこのヴィッラを作らせたのでした。まず、土地の買収から始め、1563 年から 1565 年の間に敷地を幾段かのテラスを伴うように造成し、1560 年からヴィッラの建物そのものと庭園に関係する工事が始まりました。工事はイッポリート 2 世が亡くなる 1572 年まで続きましたが、完成には至りませんでした。ヴィッラ全体の担当者であったピッロ・リゴーリオは建築家であると同時に考古学的調査も行った人で、近くで中世に廃墟となっていたローマ皇帝ハドリアヌスのヴィッラの調査もイッポリート 2 世の命を受けて行い、そこで多くの彫刻などを見つけ出しています。

このヴィッラ全体を最も高い位置にある建物本体部分から見ていくことにしましょう。まず、このヴィッラの居住部分である建物本体は隣接する建物のために、中庭を囲むやや不規則なコの字形平面をなしています。中庭には円柱に支えられた連続アーチが巡らされています。建物は基礎階の上にのり、3 階建てで、庭園側に面する側、すなわち北西面は直線状に延び、矩形の窓が整然と並び、その中央部にロッジアが作られています。ロッジアは 2 層で両側面の階段によって上層に上ることができます。このロッジアは下層に「レダの泉」を持つことから「レダのロッジア」と称されています。

主要な部屋は庭園側に面して 2 層にわたって一列に配置され、特にイッポリート 2 世のための部屋は庭園の軸線を見下ろす位置に配置されています。その天井にはリヴィオ・アウグスティとその弟子たちによるフレスコ画が描かれています。彼の部屋から庭園を見下ろす軸線、そしてそこからのヴィスタ、さらにそれに直交するように庭園内に設定されたいくつもの軸線やヴィスタを、このヴィッラにおける建物と庭園内の

ヴィッラより庭園側を見おろす

魚の池からネプチューンの噴水とオルガンの噴水を望む

無数の噴水や泉、そしてグロッタ（人工的な洞窟）が作り出しているのです。さらに、そこに幾段かのテラスによる高低差を組み合わせることで、遠景と近景を含めて、立体的で多様な眺望をこのヴィッラの庭園の中に生み出し、それこそが後の数多くのヴィッラの庭園の意匠に多大な影響を与えた点なのです。とりわけ、植栽のみではなく、水を使った庭園の構成がこのヴィッラの大きな特徴であり、後の時代の西欧における宮殿やヴィッラの庭園の意匠に取り入れられていったのです。

このような魅力を持つこのヴィッラの庭園でひときわ重要な役割を果たした噴水や泉の配置と意匠について見てみましょう。そもそもこの庭園に使われる水は、1564 ～ 1565 年に約 1 キロメートル離れた場所でアニーノ川から取り込まれ、ティヴォリの町の地下に水路を作り運ばれてきたものです。この水を使った噴水が、このヴィッラ全体を貫く軸線としてイッポリート２世の部屋から延びる直線上に並べられ、それはヴィスタとして遠景へと延びています。この中央の軸線上には、高い位置から順に「レダのロッジア」(「レダの泉」を伴う)、「鼎の泉」「ビッケローネの噴水」「ドラゴンの噴水」が続き、長い階段を経て降りて行きますと糸杉を植えた円形の植え込みがあり、その最先端にはヴィッラの当初の出入り口が開き、庭園の外のヴィア・デル・コッレに繋がっています。糸杉を使った円形の植え込みの左右には中心軸に対して対称に２つずつ「鷲の噴水」が配置され、中心軸が強調されています。この中央に延びる軸線に対して、高い位置から低い位置に順番に直交する軸線が噴水や泉、そして植栽を生かしながら計画されているのです。ただし、「ビッケローネの噴水」はこのヴィッラの中心軸を強調するために 17 世紀になって追加されたもので、ベルニーニ作と言われています。

ヴィッラの建物に最も近く、かつ最も高い位置にあり、そして魅力的な直交する軸線を作り出しているのは、東端の「楕円の噴水」と西端の「ロメッタの噴水」です。「楕円の噴水」はこの庭園の噴水の中でも代表的なもので、上部の大きな水盤から水が白糸のように下の楕円形の池に流れ落ちています。さらに魅力的なのは、水が流れ落ちる裏側に、楕円形の池に沿って連続アーチによる通路が巡っており、訪れた人びとは流れ落ちる水のカーテン越しに外の景色を眺めるという体験ができるのです。また、楕円形の池のまわりの連続アーチの壁面からは池に向かって水が噴き出しています。それに対し、西端の「ロメッタの噴水」は女神ローマと、ローマ建国の神話上の双子の彫像、そしてそれを育てた狼の彫刻を飾った噴水となっています。

これら東西両端の噴水の間の細長い通路部分に作られているのが「百の噴水の小道」です。上のテラスを支える壁面に、長さ100メートルほどにわたって3段の高さに分けて水が吹き出るように工夫され、それが最下段の水路に集まって流れていくように計画されています。「百の噴水の小道」よりも少し低いテラスで、イッポリート2世の部屋から延びる中央の軸線上にあるのが「ドラゴンの噴水」です。これは楕円に近い池の中央に4頭のドラゴンが外に向かってその翼を広げて配され、水を噴き出しています。この「ドラゴンの噴水」に直交する軸線の西端に作られているのが「プロセルピナの噴水」で、池の中に舟をかたどった彫刻があり、その舟から水が噴き出ています。さらに「プロセルピナの噴水」と隣接し、一段下の低いテラスに作られているのが「フクロウの泉」で、壁に開けられた壁籠（ニッチ）に水盤が置かれています。

イッポリート2世の部屋から延びる中央の軸線に対して直交するもうひとつの軸線は、さらに下の高さのテラスにあり、それは東の端に「オルガンの噴水」と「ネプチューンの噴水」を持ち、そこから西に向かって細長い矩形のプール（魚の池）を配置することで作り出されています。「オルガンの噴水」は2層にオーダーが重なり、中央に円弧状のニッチがあり、最上部には渦巻きを用いた破れ破風をのせたバロック様式の立面となしています。中央に大きな壁籠（ニッチ）、その左右にアポロとディアナの彫像を納めた小さな壁籠が作られています。建物はピッロ・リゴーリオの計画によるもので、中央の壁籠にはもともとはエフェソスのディアナ神を納める予定でしたが、ヴィッラを受け継いだ枢機卿アレッサンドロ・デステがベルニーニに小神殿（祠堂）を作らせました。この噴水にはフランス人エンジニアのクロード・ベルナールによる水力を使ったオルガンが設置され、メロディを奏でていました。2003年以降に修理されて、現在でも再びその音を聞くことができます。

この「オルガンの噴水」のすぐ東側、一段低くなった位置には「ネプチューンの噴水」が置かれ、2本の水柱が高く吹き上がっています。この「オルガンの噴水」から「ネプチューンの噴水」越しに細長い矩形のプールを見下ろす眺望は、噴き上がる水、流れ落ちる水、植栽が高低差を生かして配置されたことによって生み出された特筆すべきものです。また逆の景観、すなわち、細長い矩形のプールから「ネプチューンの噴水」、そして「オルガンの噴水」を遠くに望む眺望もきわめて魅力的なものです。

中央の軸線に対して直交する第3の軸線は最も低いテラスに位置し、その西端部に「白鳥の噴水」が作られています。この噴水から延びる軸線と中央を貫通する軸線の交差点に、すでに述べた「糸杉を植えた円形の植え込み」があり、その両者の間には2つの「メテの噴水」が置かれています。この噴水はローマのコロッセウムとコンスタンティヌスの凱旋門の近くにローマ時代に作られていた「メタ・スダンス」に由来するもので、岩のような塊を3段に重ね、その頂部から水がほとばしり出ています。

また庭園内のあちこちにグロッタが作られ、軸線やヴィスタを作り出すうえで効果的な場所に配されています。「楕円形の噴水」の近くには「ウェヌスのグロッタ」が置かれ、それに対応する西側には、「ロメッタの噴水」の近くに「フローラのグロッタ」が作られています。「フローラのグロッタ」のすぐ南側の高い位置には「ディアナのグロッタ」があります。グロッタの意匠はさまざまですが、たとえば「ディアナのグロッタ」では色大理石によるモザイク、漆喰による浮き彫り装飾などが

ネプチューンの噴水とオルガンの噴水

ネプチューンの噴水

オルガンの噴水中央の小神殿と左右のアポロとディアナの彫像

楕円の噴水

百の噴水

施されていました。

このヴィッラに見える特徴、すなわちヴィッラの建物と庭園が一体化し、その庭園は直交する軸線とヴィスタを生かして計画がなされ、かつ噴水や池による水を活用した工夫がなされていることなどは、その後のヨーロッパ中の宮殿やヴィッラに受け継がれていくこととなりました。たとえば17世紀に作られたカプラローラのヴィッラ・ファルネーゼ、フラスカティのヴォッラ・アルドブランディーニやヴィッラ・トルローニアなどの庭園には強調された軸線やヴィスタ、そして水を活用した計画がなされています。さらにはフランスのヴェルサイユ宮殿に見られるような壮麗かつ壮大な規模で軸線とヴィスタを直交させながら庭園が計画され、その中で水をふんだんに使った噴水や池が効果的に使われている例を17世紀以降のヨーロッパに数多く見ることができます。

このヴィッラの庭園の素晴らしさは音楽家にも影響を与えています。たとえば、フランツ・リストはこの庭園の魅力に触発されて「巡礼の年第3年」というピアノ曲集を作曲し、その中に納められた「エステ荘の噴水」という曲は吹き上げる噴水の見事さを表現しています。さらに、このリストの曲に影響を受けてフランスの作曲家モーリス・ラヴェルが1901年に「水の戯れ」を、1904年にドビュッシーが「映像」第1集の「水に映る影」を作曲したとされています。また、18世紀のドイツの画家であるカール・ブレシャンなどによってピクチャレスクな廃墟の風景として描かれています。

このヴィッラはイッポリート2世の死後、彼の甥である枢機卿ルイジ・デステが相続し、19世紀初めにはハプスブルク家が所有することとなり、1920年に国有化され、1920年から1930年にかけて修復をされましたが、第2次世界大戦における空爆で被害を受けました。

第3章　ポンペイとその周辺

（地図の㉓）

どこにでもある街—それが本来のポンペイの姿であったのではないでしょうか。今から約2000年前、古代ローマ帝国が繁栄していた時代のことです。南イタリアのナポリ湾岸にそびえ立つヴェズヴィオ（古代名ウェスウィウス）山は、紀元79年に大噴火を起こしました。その大量の噴出物によって、ポンペイやエルコラーノ（古代名ヘルクラネウム）の都市をはじめ、トッレ・アヌンツィアータ（古代名オプロンティス）など火山周辺地域の別荘も埋没しました。肥沃なカンパニア地方を襲った自然の猛威でした。ローマの歴史家たちはこの災害を記録し、詩人たちも謳いましたが、人びとの記憶はいつしか薄れていきました。

18世紀になって本格的な発掘が開始されるようになり、古代都市の街並みがあらわれはじめました。ポンペイやヘルクラネウムの発見によって、ヨーロッパじゅうに古代ブームが巻き起こりました。古代ギリシア・ローマを規範とした新古典主義の美術も流行しました。旅行者たちが遺跡を訪れるようになり、ドイツの詩人ゲーテも『イタリア紀行』で1787年に見学したポンペイとヘルクラネウムの遺跡のようすを書き残しています。リットン『ポンペイ最後の日』（イギリス、1834年）やゴーティエ『ポンペイ夜話』（フランス、1852年）のような小説も生まれました。ポンペイ遺跡の場合は、部分的な発掘がなされたヘルクラネウム遺跡と異なって街の全体像がわかることもあり、古代ローマ人の生活がタイムカプセルのように詰まった、まるで唯一無二の存在であるかように扱われました。実際そのとおりなのですが、そのいっぽうで、ポンペイが当時の平均的な地方都市であったからこそ、私たちはこうして古代ローマ人の日常生活を知ることができるのです。

噴火の被害を受けたのは、ポンペイやヘルクラネウムのように埋没してしまった街ばかりではありません。その年に亡き父ウェスパシアヌス帝の跡を継いだティトゥス帝は、カンパニア災害復興委員を選出して自らも視察調査を行うとともに、被災地の復興を経済的にも支援しました。噴火に伴う地震で被害を受けた建物を修復したという碑文も残っています。次帝ドミティアヌスもそれを引継ぎ、ポンペイ近郊の都市ヌケリア（現ノチェーラ）にあった劇場を修復させています。紀元1世紀の古代ローマ時代にそのような支援体制が組まれていたことは、2011年の東日本大震災からまだ日が浅いこの時期に私たちが留意すべき点ではないでしょうか。

「ポンペイ、エルコラーノ及びトッレ・アヌンツィアータの遺跡地域」は、1997年に記載基準③④⑤によって世界遺産に登録されました。

1．ポンペイの遺跡

ポンペイはヴェズヴィオ山の南東約10キロ、エルコラーノは西約7キロ、トッレ・アヌンツィアータは南約7キロに位置しています。

ヴェズヴィオ山

ナポリ市街の南東に位置する標高約1300メートルの火山です。北側はソンマ山と呼ばれる外輪山に囲まれています。ナポリ周辺からよく見えるランドマークとなっています。登山電車の歌『フニクリ・フニクラ』で知られた山でもあります。1995年に国立公園となり、自然保護が進められています。1944年の最後の噴火で登山電車の運行は廃止されましたが、現在も山頂まで登って黒々とした火口をのぞくことができます。今ではおだやかに白い蒸気を立ち上らせていますが、紀元79年の後も繰り返し噴火し、多くの災害を与えました。この地域の世界文化遺産はヴェズヴィオ山を抜きにして語ることはできないのです。

埋没後1800年の発掘を記念して「百年祭の家」と呼ばれるポンペイ

ナポリ湾から望むヴェスヴィオ山

公共広場への街路とヴェスヴィオ山

のある邸宅の神棚には、ヴェズヴィオ山の壁画が描かれていました。現在はナポリ国立考古学博物館（以下、ナポリ博）に所蔵されていますが、それを見ると山麓にはブドウ棚が広がり、その傍らにはブドウの房に身を包んだ酒神バッカスが立っています。ヴェズヴィオ山は破壊ばかりではなく恵みの山でもあったのです。当時の人びとは特に関連づけて考えていなかったようですが、噴火の予兆は 17 年前にありました。カンパニア地方は 62 年に大地震に襲われ、ポンペイやヘルクラネウムなども建物倒壊の被害を受けていました。ポンペイにある「カエキリウス・ユクンドゥスの邸宅」の神棚には、その時の地震のようすを表わした浮彫りがはめ込まれていました。79 年の噴火当時には、街のあちらこちらで復旧作業がまだ続けられていました。

79 年の噴火の状況については、小プリニウスが歴史家タキトゥスに宛てた書簡から知ることができます。また、最近の研究によってもさまざまなことがわかってきました。小プリニウスは『博物誌』を著した大プリニウスの甥であり養子です。当時、大プリニウスはナポリ湾の北西端にあるミセヌム（現ミゼーノ）でローマ艦隊を指揮しており、17 ～ 18 歳であった小プリニウスも母親と一緒に彼のもとにいました。ミセヌムは、ヴェズヴィオ山から直線にして 32 キロはなれた場所です。最近は別の見解を示す研究者もいますが、その日は彼の手紙から 8 月 24 日であったとされています。

大噴火は正午過ぎに起きました。地中を上昇中に急激に冷やされて固まったマグマは、さらに下から上昇してくるマグマの圧力で細かく砕かれ、爆発とともに噴煙柱となって火口から吹き上げられました。高さ 14 キロメートルと推定される噴煙柱の上には巨大な噴煙が広がっていました。小プリニウスたちはこのようすを目撃しており、その形状は（イタリアに生える）松の木のようであったと伝えています。傘を広げたような形というのでしょうか、いわゆるきのこ雲の形です。このような噴煙柱を形成する噴火は、小プリニウスにちなんでプリニー式と呼ばれます。その後も噴火は勢いを増し、噴煙柱は12時間のうちに高さ33キロメートルにもなったと考えられています。

大プリニウスは博物学者としての関心もさることながら、救助の要請も受けて船を出し、自らもそれに乗り込みました。いっぽうミセヌムでは何日か前から続いていた地震が激しさを増し、大プリニウスの安否を気づかっていた小プリニウスたちではありましたが、建物倒壊の危険を恐れて避難を余儀なくされます。群衆とともにミセヌムを脱出したものの、避難先では火山灰に降られて周囲は暗く、ようやく太陽を目にしたのは噴火から2日後のことでした。大プリニウスはヴェズヴィオ山のほぼ南14キロ、ポンペイの南西約5キロに位置するスタビアエ（現カステッラマーレ・ディ・スタビア）まで赴き、やはり噴火被害の大きかったその地で息をひきとりました。

小プリニウスたちが目撃した噴煙柱の上に広がる噴煙は風にあおられて南東へのびてゆき、ポンペイやオプロンティスに軽石や灰の雨を降らせました。12時間にわたって降り続け、ポンペイでは最大2.8メートルの厚さで堆積しました。夜中になると噴煙柱の高さは最大に達し、噴火様式が変化します。ヴェズヴィオ山は軽石噴出を中断させながら、6回にわたって火砕サージと火砕流を発生させていったのです。オプロンティスとそれまで火山灰の降下量が少なかったヘルクラネウムを火砕サージが襲い、人びとの命を奪います。その後ヘルクラネウムにはさらなる火砕サージと泥土のような火砕流が到達し、街を呑み込んで当時の海岸線を約400メートル先まで西に押し出していきました。翌朝、致命的な火砕サージがポンペイを襲い、最後の火砕流が街を覆いました。

ポンペイ遺跡の発掘

この街は16世紀の河川工事の際に一度掘り当てられたものの、実際の発掘はブルボン王朝のもとで1748年に開始されました。当初は宝探し的な発掘でしたが、ガリバルディがイタリアを統一した1860年にフィオレッリが発掘監督者となってからは「科学的な」発掘となりまし

マリーナ門（海の門）

公共広場（フォルム）

た。遺跡は区画化され、建物の戸口にまで番号が付されました。遺骨の周囲にできた火山灰の空洞に石膏を流し込む方法が考案されたのもこの時期です。固まった石膏を取りだすことによって、火山灰が保存していた死者の姿を再現することが可能となりました。フィオレッリがまだ発掘を指揮していた1873（明治6）年には、欧米を視察中であった岩倉使節団がポンペイやヘルクラネウムの遺跡を見学しており、視察報告書『米欧回覧実記』に挿絵入りで、整然とした街路や充実した公共設備など驚きをもって紹介しています。

ポンペイは東西1200メートル、南北650メートル、面積63ヘクタール余りで、周囲約3キロメートルの城壁に囲まれた中規模の都市でした。最近の研究によれば、人口は1万人前後であったとされています。市街は、ヴェズヴィオ山を北にして区画整備されていました。ポンペイが城壁に囲まれた都市の形態をとるようになったのは、前6世紀であるとされています。その頃はエトルリアの影響を強く受けていたようですが、前5世紀にはアペニン山脈の山間部に住んでいたサムニウム人が支配するところとなりました。前3世紀末の第2次ポエニ戦争（ローマとカルタゴの戦争）ではポンペイはローマに協力しており、前2世紀初頭から街は繁栄しはじめ、1世紀のあいだに当時流行していたギリシア文化を吸収していきます。地中海全域に勢力を拡大したローマには忠誠をたてていたものの、政治的な権利などが制限されていたために完全なローマ市民権をもとめて同盟市戦争に参戦します。しかしながら前91年にローマ将軍スッラによって征服され、最終的には、前80年に市民権を有するローマ植民都市となります。植民都市名は、スッラの氏族名コルネリウスと彼の守護神ウェヌス（ヴィーナス）の名がつけられた「コロニア・コルネリア・ウェネリア・ポンペイアノルム（ポンペイ人によるヴィーナスに捧げたコルネリウスの植民都市）」となり、ポンペイはヴィーナスに見守られる街となりました。

とはいっても、この街が歴史の大きな舞台にあがることはほとんどありませんでした。そのなかで歴史家タキトゥスが伝えたのは後59年の乱闘騒ぎでした。ポンペイの円形闘技場に剣闘士試合を見に来ていた近隣の都市ヌケリアの市民とポンペイ市民が争い、挙げ句の果てに死者を出すほどにまでなったのです。今日でいうサッカーのフーリガンといったところでしょうか。当時の皇帝ネロは、以降10年間、市の名のもとに剣闘士試合を開催することを禁じました。円形闘技場付近のある邸宅からは、その乱闘事件を描いたとされる壁画（ナポリ博蔵）が発見されています。

ポンペイはとりたてて歴史に名を残してこなかったとはいえ、繁栄を享受していた地方都市でした。ワイン醸造やオリーヴ油の製造、また毛織物業が盛んであったのみならず、大プリニウスの『博物誌』によれば、ポンペイはガルム（魚醤）の産地として有名だったようです。ポンペイはサルノ川河口の台地に位置しており、川にも海にも近い有利な立地条件にありました。

ポンペイの遺跡は、これまでに3分の2程度が発掘されており、日本の研究者たちによる発掘調査も行われました。

マリーナ門から公共広場へ

それでは遺跡を歩いてみましょう。ポンペイ遺跡の入口はいくつかありますが、ここでは市街南西部の「マリーナ門（または海の門）」側から入ってみます。観光客の眼下には奥のアーチに向かう登り坂とその左脇に並ぶ「郊外浴場」の遺構が見えます。右手には別荘の柱廊があります。マリーナ門には2つのアーチがありますが、左の小さいものが歩道、右の大きいものが車道です。このように街の通りは歩道と車道が区別されていました。坂を登っていきますと右手には街の守護神を祀るヴィーナス神殿が見えてきます。ポンペイがローマ植民都市となってから建設された建物です。後62年の地震で大きな被害を受けたため、保存状態はよくありませんが、かつては街の象徴として輝いていたことでしょう。台地の上にそびえる神殿は、遠くからもよく見えていたはずです。道をさらに進むと、左手にはアポロ神殿への入口があり、矢をつがえる太陽神アポロと月女神ディアナのブロンズ像（コピー、実物はナポリ博蔵）が出迎えてくれます。建物は前2世紀のものですが、考古学的な調査から、この地のアポロ信仰は前6世紀にまでさかのぼるとされています。

いよいよ街の中心であるフォルム（公共広場）へとやってきました。ここは今も観光客でにぎわっています。南北142メートル、東西38メートルの長方形をした広場で、列柱廊に囲まれていました。台座からも想像できるように本来は皇帝や街の有力者たちの肖像が並んでいたのですが、62年の地震による破損か79年埋没後の回収のために発掘では何も見つかっていません。「ユリア・フェリクスの家」には、騎馬像などが並ぶ公共広場のようすを描いた壁画（ナポリ博蔵）がありました。北端には首都ローマのカピトリウムにちなんで最高神ユピテルと妃ユノ、娘の戦神ミネルウァを祀る神殿が建っており、その背後にはヴェズヴィオ山を目にすることができます。ユピテル神殿とも言われるこの神殿からは、ユピテル神の巨像頭部が発見されています。

広場は公共生活を営むうえで重要な施設に取り囲まれています。西側には裁判や商取引が行われていたバシリカ、南側には行政機関の建物、東側には投票場や「エウマキアの建物」（ヴィーナスの巫女であったエウマキアによって建設された毛織物業組合の建物）、ウェスパシアヌス帝神殿（皇帝神殿）、鎮守神ラレスの神殿、マケッルム（食料品市場）が並んでいます。カピトリウム神殿を挟んで西側には、穀物市場（現在は倉庫として利用）やアポロ神殿の囲壁に埋め込まれた穀類の計量器、公衆トイレがありました。公共広場の入口には車止めがあり、車両の入場は禁止されていました。

マリーナ門からの坂道は東にある広場の南側へと通じ、広場から東端のサルノ門まで目抜き通りの「アボンダンツァ通り」がまっすぐに続いています。「アボンダンツァ」はイタリア語で豊穣という意味で、通り

バシリカ

フォルトゥナ神殿（右）とフォルトゥナ通り

秘儀荘「秘儀の間」

メルクリウスの塔

の名は広場付近の公共水汲み場を装飾する豊穣の角をもった女神の浮彫りに由来します。この道は後で通ることにして、ここではひとまず広場の北側へと歩みを進めましょう。

公共広場からエルコラーノ門外へ

カピトリウム神殿奥の両脇にあるアーチをくぐり抜けると、右手にはフォルトゥナ・アウグスタ神殿、左手にはフォルム浴場があります。この神殿は皇帝一族の運命の女神フォルトゥナを祀っており、初代皇帝アウグストゥス時代に街の有力者によって建設されました。ここから東へとフォルトゥナ通りが続きます。写真の男性がのっている楕円形の飛び石は現在の横断歩道にあたり、両側の歩道をつないでいます。荷車が通る中央の車道には、轍の跡が2筋の溝になって残っています。車道は中央が盛り上がっていますが、これは排水の便をよくするためで、歩道の下には排水溝が設けられていました。街には上下水道の設備があり、道の所々には公共水汲み場もありました。邸宅には水道が引かれていて、通りでは時おり鉛製の水道管を目にすることができます。

水道設備と関連深いものに浴場があります。ポンペイには遺跡入口の郊外浴場、このフォルム浴場、サルノ浴場、最も古いスタビア浴場、中央浴場の公共浴場が5ヶ所確認されていますが、地震被害や建設中で79年の埋没時に営業していたのは唯一この浴場であったようです。浴場はローマ人にとって日常生活に欠かせないもので、古代ローマ都市の象徴でもありました。ただ身体を清潔に健康に保つばかりが目的ではなく、政治の話や商談をする交流の場でもありました。浴場施設についてはスタビア浴場で少し詳しくみるとして、街の北へと歩みを進めます。

フォルム浴場の北に面している邸宅入口をのぞいてみます。玄関の床モザイクには「CAVE CANEM（犬に注意）」とラテン語の警告文があり、鎖につながれた番犬が牙をむき出しています。演劇の場面をあらわしたモザイクが発見されたことから「悲劇詩人の家」と呼ばれている邸宅です。「ペンは剣よりも強し」の成句を残したイギリスの作家リットンによる小説『ポンペイ最後の日』（1834 年）では、主人公が住んでいた邸宅のモデルとなりました。この小説は日本では明治 12 ～ 13（1879 ～ 80）年に『欧洲奇話 寄想春史』の書名で翻訳され、その後も異なる訳者と書名によって出版されましたが、興味深いことに大正 12（1923）年の関東大震災から数か月後に『ポンペイ最後の日』としてあらためて翻訳出版されています。

この邸宅を右手にさらに西へ進むと突き当りに出ます。南北を走る通りの西街区には豪邸が建ち並んでいます。この通りを北上していきますとエルコラーノ門があり、道はそこから城壁外へと続き、オプロンティスやヘルクラネウムへと通じていました。城壁外の道は墓通りになっています。古代ローマ人は城壁内に墓を建てることはありませんでした。通りを行く人びとを印象づけるため、列柱が円になって立つ墓や祭壇型の墓などモニュメンタルなものが目立ちます。城壁外には別荘も建てられていました。城壁内の富裕層の住宅をドムス（邸宅）というのに対し、城壁外のものはウィッラ（別荘）といいます。別荘といえば今の感覚では単純に余暇を楽しむところというイメージがあるかもしれませんが、古代ローマ時代の別荘は自給自足体制を基本としてまかなわれており、主人が余暇を過ごしに来ていなくても農作業などが行われていました。

秘儀荘

エルコラーノ門外から 300 メートルほど離れた場所に「秘儀荘」があります。62 年の地震による被害のために以前の別荘全体の優雅さは失われたものの、この別荘にはポンペイ壁画を代表する傑作が残されています。ディオニュソス（バッカス）の秘儀が描かれたもので、「秘儀荘」の名称はこの壁画に由来しており、この部屋自体も「秘儀の間」と呼ばれています。壁画を見ると、色大理石板を模した赤い長方形パネルを背景にして、ほぼ等身大の人物が並んでいますが、ここにはディオニュソス秘儀の入信儀式の一部始終が描かれているとされています。壁面の色彩や人物表現が豊かであるのに対して、床は白を基調にした幾何学的な

ファウヌスの家（列柱式中庭）

パン屋（パン製造所）

タイル張りにすることによって、部屋全体における装飾のバランスをとっています。

古代ローマ時代の壁画は、まだ漆喰が乾ききらないうちに顔料をのせていくフレスコ画の技法で描かれていました。ポンペイの壁画はおもに流行時期によって4つの「様式」(装飾法）に分類されています。古代ローマの建築書の記述も参考にして行われた19世紀末の研究が現在に受け継がれており、地域によって年代がやや異なりますが、この分類法は古代ローマ壁画全体に適用されています。前2世紀初頭にポンペイが経済的な発展をとげると、富裕者の住宅は当時流行していたギリシア文化の影響を受けて、色大理石板の装飾壁を模した立体的な漆喰壁で装飾されるようになりました（第1様式)。前80年にローマ植民都市となると、今度は首都ローマの影響を受け、実際に凹凸のあった建築要素は平面の絵画として描かれるようになります（第2様式)。遠近法をもちいて描かれた荘厳な建物の奥には、列柱廊などの建築物がさらに続いて開放的な空へと突き抜けていきます。この時期には人物を大きく描く大絵画も流行しましたが、「秘儀の間」の壁画はその代表でもあります。ローマが帝政時代に入ると、前20年頃には壁面分割が厳格になり、垂直および水平方向にそれぞれ3分割する枠組みを意識した装飾となります（第3様式)。内乱の続くローマに平和をもたらしたアウグストゥス帝は秩序正しい安定した生活を重んじましたが、その時代の風潮が壁面装飾にも反映されているとみられています。ポンペイでもこれまでの建築要素は形骸化して線的になり、装飾の細部にこだわりがみられるようになります。また、壁面中央にはギリシア神話の名場面をあらわした神話画が好んで描かれるようになりました。後1世紀半ば頃、首都ローマでは新しい流行が生まれます。ネロ帝の黄金宮（ドムス・アウレア）に代表されるように、幻想的な建築と神話画が壁面を飾りました（第4様式)。ポンペイでも最新流行は取り入れられていましたが、本格的な普及のきっかけは紀元62年の地震にともなう改修でした。

城壁沿いから市街の邸宅へ

エルコラーノ門まで戻ってきたところで城壁の外側に沿って東へ進みます。ローマ植民都市となってからは、ポンペイは城壁で都市を防御する必要性がなくなり、マリーナ門付近にみられるように都市南西部では城壁と一体になって住宅や浴場が建設されました。それに対して、この一帯は城壁が良い状態で保存されています。城壁には間隔をおいて見張り塔が設置されており、東西南北のメインストリートと接する7箇所には城門が設けられています。見張り塔では最も保存状態の良好な通称「メルクリウスの塔」は、フォルムの北を走る「メルクリウス通り」の北端に位置しています。この塔と通りの名称は、公共水汲み場の浮彫り装飾である商業神メルクリウスに由来しています。さて、もうひとつ見張り塔を過ぎたところで、城壁は南北を走る大通りの北端に位置するヴェズヴィオ門に至ります。少数ではあっても、門外周辺にはやはりモニュメンタルな墓が建っています。門を通って城壁内に入ると、城壁に組み込まれて建設された煉瓦造りの給水場があります。カンパニア地方を東西に横切る水道から引いてきたとされる水は、街の最高地点であるこの場所で3本の水道管に分水されました。そのため水圧による給水が可能となっており、それよりも低い場所では給水塔を建てて水圧を調節していました。

ヴェズヴィオ門から南を走るヴェズヴィオ通りを進むと、フォルトゥナ・アウグスタ神殿から東を走るフォルトゥナ通りと交差しますが、そこまで南下せずにもうひとつ手前の街区（ブロック）を西に曲がると2つ目の街区には、富裕な解放奴隷ウェッティウス兄弟の邸宅とされる「ウェッティの家」があります。62年の地震後に大改修されており、ポンペイ最終期の邸宅を知るうえでも重要な邸宅です。部屋は第4様式を代表する壁画によって装飾されており、邸宅の奥には噴水や彫刻を配した美しい列柱式中庭があります。ガイドブックなどにポンペイ遺跡の見どころのひとつとして紹介されていますが、残念ながら現在は修復のために見学再開の時を待っています。

「ウェッティの家」の南西には街区全体を占める古風な大邸宅「ファウヌスの家」があります。邸宅名はここで発見された踊るファウヌス（牧神）のブロンズ像（ナポリ博蔵）に由来しています。立派な門構えの正面玄関はフォルトゥナ通りに面しており、玄関前の歩道には石のタイルを並べて「ハウェ HAVE（ようこそ）」とラテン語による挨拶が綴られています。ポンペイが経済的発展をとげた前２世紀に建築・増築された邸宅で、第４様式が流行していた埋没時にも壁は色大理石板を模した第１様式の漆喰浮彫りによって装飾されていました。床を飾っていた色彩豊かなモザイクの多くはナポリ博物館の「ファウヌスの間」で目にすることができます。玄関通路の次に配された広間には、雨水受け中央にファウヌス像のコピーがおかれています。邸宅名の由来となったこの像は、実際には雨水受けの縁で発見されました。ひとつ部屋をおいたその横には、４本の柱によって天窓が支えるタイプの広間もあります。ファウヌスのいる広間の奥には列柱式中庭があり、さらにその奥にはさらに大きい列柱式中庭が広がっています。２つの中庭に挟まれた眺めのよい部屋には、マケドニア王アレクサンドロスとペルシア王ダレイオス３世の戦闘場面をあらわした巨大な床モザイク（ナポリ博蔵）のコピーがあります。前４世紀末～３世紀初頭のギリシア絵画が原作とされるこのモザイクには、ミリ単位の細片がもちいられています。

古代ローマの邸宅は、基本的に一本の軸線上に玄関、広間（アトリウム）、応接間（タブリヌム）、列柱式中庭（ペリステュリウム）が並びます。応接間は邸宅の中心にあり、主人への挨拶する順番を待つ人びとの待合室でもあった広間と密接に結びついていました。これに対して、別荘では「秘儀荘」のように玄関のすぐ奥に列柱式中庭が設けられました。日中は玄関扉が開かれていたため、玄関から奥の中庭までが見通せました。邸宅は半公共的な場であり、ローマ市民であれば誰でも外からやってきて、寝室などの私的空間を除いて広間や中庭などの公的空間に

スタビア浴場（脱衣室）

大劇場

特に許可を得ることなく出入りできたといいます。朝には邸宅の主人に挨拶をしに来る人びともいましたし、夜には客人を招待して饗宴も催されました。街のすべての人びとがこのような生活を送っていたのではありません。邸宅は主人の社会的ステータスや文化的教養を象徴する空間であり、そのために美しく装飾されました。「ファウヌスの家」はその典型といえます。また、広間と列柱式中庭がそれぞれ２つ設けられていることは邸宅の規模がいかに大きいかを物語っています。

街の裏角へ

古代ローマ人はパンを主食としており、街には30軒以上のパン屋がありました。フォルトゥナ通りからやや曲がった小道を南に歩いていくと角に見えてくる「ポピディウス・プリスクスのパン屋」もそのひとつです。ここには売り場はなく、製造されたパンは卸売りに出されていたようです。製造所には小麦粉を作るための大きな石臼が並んでいます。臼の横穴には木の棒が水平に差し込まれており、それにつながれたラバやロバが周囲をめぐって臼を回していました。石臼の隣にはパン焼き窯が建っています。窯の内部をのぞくと、ピザ焼き窯のようにドーム型になっているのが見えます。ポンペイやヘルクラネウムからは炭化したパンが発見されていています。パンは円形で８等分の切れ目が入っており、同様の形をしたパンは壁画にも描かれています。

パン屋のある街区の南の街区には娼館（ルパナーレ）がありました。フォルムから東に走る大通りアボンダンツァ通りと南北に走る大通りスタビア通りに面してスタビア浴場がありますが、その浴場の西を通る小道に面して建てられています。アボンダンツァ通りの曲がり角の石畳には、娼館の場所を示す男根マークが彫られています。２階建ての建物を入ると小さな広間を小部屋が取り囲んでおり、広間の壁にはエロティックな絵が描かれています。また、小部屋の壁には愛の言葉などを綴った引っ掻き文字（グラッフィート）の落書きが残っています。喜怒哀楽にあふれる生きいきとした落書きは街のいたる所で発見されています。なお、古代ローマでは売春は公然と行われていましたが、売春業は不名誉な職業でした。

浴場施設と劇場施設

娼館前の小道「娼館通り」を南下するとスタビア浴場があります。現在残る建物は前2世紀のものですが、創建は前4世紀にまでさかのぼります。アボンダンツァ通りに面した正面入り口を入ると列柱廊に囲まれた運動場が広がり、奥にはプールもありました。男湯は建物の南東にあり、控え室と脱衣室の後に冷浴室、温浴室、熱浴室が続きます。控え室と脱衣室の壁や天井には第4様式による漆喰浮彫りの装飾がよく保存されています。温浴室や熱浴室の床は保温のために2重構造になっており、床下のみならず壁にも中空煉瓦を通して燃焼室から熱い空気が送り込まれていました。女湯は燃焼室の反対側に男湯と隔てられて設けられており、建物西の脇道には女湯専用の入口がありました。

古代ローマ人は基本的に午前中のうちに仕事を済ませるのが日課でしたので、公共浴場へと赴くのは午後でした。富裕者たちはお供の奴隷を連れてやってきました。入浴方法については、たとえば小プリニウスが「身体に香油を塗ったら体操をして入浴する」と友人宛の書簡に簡潔に書き残しています。厳密な作法があったわけではありませんが、脱衣室で服をしまって香油を身体に塗り、熱浴室で発汗をうながして熱い湯につかり、冷浴室で身体のほてりをとっていたようです。温浴室は身体をならすのに役立ちました。また屋外の運動場で球技や水泳などを楽しむこともできました。人の集まる公共浴場は人びとの社交場にもなっていました。なお、浴場は公共施設ばかりではなく、個人的に浴室を備えた邸宅もありました。

脇道の「娼館通り」がアボンダンツァ通りと交差すると、今度は「劇場通り」が始まって道はさらに南へと続きます。この道の先には公共建築物の集まる劇場地区があります。この地区には「三角広場」、大劇場、小劇場または音楽堂（オデイオン）、体育場、エジプト由来の女神イシス神殿、ユピテル・メイリキオス（蜜のごとく甘きユピテル）神殿があり、目にする建物の多くは前2世紀に建設されました。「三角広場」の名称は、広場がまさに三角形をしていることに由来しています。広場を取り囲む列柱は前2世紀に建設されたものですが、奥に残る神殿跡は都市ポンペイの初期にあたる前6世紀初頭にまでさかのぼり、当時信仰の篤かったヘラクレスとアテナに捧げられたものとされています。この辺りは見晴らしのよい高台にあるので、この神殿は重要な位置を占めていたのでしょう。付近には円柱で囲まれた神聖な井戸もあります。

大劇場は前2世紀の創建ですが、アウグストゥス帝時代にホルコニウス一族によって修復されました。東西の大通りアボンダンツァ通りと南北の大通りスタビア通りの交差点には4脚アーチの門がありますが、これを建設したのも同じ一族です。交差点には建設者の一人であるホルコニウス・ルフスの大理石像（ナポリ博蔵）も立っていました。大劇場にはすり鉢状の階段席がついていて、かつては約5000人の観客を収容できました。小劇場は、ポンペイがローマ植民都市となった頃に2人の公職者たちの私費によって建設されました。屋根つきの建物で、約2000人の観客を収容できました。大劇場に隣接した列柱廊の広場は、幕間や雨の際に観客が休む場所として小劇場と同時代に建設されたものですが、剣闘士たちの武器が出土していることから、62年の地震後は剣闘士たちの訓練所となっていたようです。

アボンダンツァ通り

公共広場から東のサルノ門までアボンダンツァ通りが続きます。南北の大通りスタビア通りとが交差する「ホルコニウスの交差点」から東には、さまざまな商店や工房が軒を連ねていました。毛織物の縮絨工房もありました。L字型のカウンターがついた飲食店も見受けられます。カウンターに埋め込まれた大甕には食べ物や飲み物が入っていたようですが、ここでは大甕のひとつをレジスターに使っていたようで1385枚のコインが発見されています。壁際には炉も設置されていました。ポンペ

小劇場または音楽堂（オデイオン）

食　堂

貝殻のヴィーナスの家（庭園の壁画）

オクタウィウス・クアルティオの家（庭園）

イの街を見学していると、このようなカウンターのある飲食店をよく目にします。店の奥の壁に描かれた神棚には、家の守護神たちや商業神メルクリウス、酒神バッカス、また善き魂の蛇神が描かれています。店の奥は玄関を別にした邸宅になっており、部屋は第3様式の壁画で装飾されていました。

この店は外壁の選挙推薦文にあった名前などに由来して「ウェトゥティウス・プラキドゥスの食堂」と呼ばれています。通りに面した外壁には店の看板や神々の姿も描かれましたが、白い漆喰壁に赤く筆書きされた選挙広告も多く掲示されました。選挙は立候補制ではなく、推薦によって候補者が立てられました。街の有力者を毛織物業者やパン製造業者、製材業者などさまざまな同業組合が推薦しています。有権者は成年男子市民に限られていましたが、飲食店の女主人による推薦文も見つかっています。

ポンペイの公職者は二人委員と造営委員であり、いずれも1年任期の2人制でした。二人委員はローマ国政の最高職である執政官（コンスル）に準じた公職で、造営委員は建物や道路から見世物の管理、また警察業務を受けもっていました。地方都市にはローマの元老院にあたる都市参事会がありました。公職は都市に仕える名誉な職であったため無報酬であったばかりではなく、公職者たちは私費で見世物を開催したり、公共建築物を建造したりして寄付行為を行いました。公職者になれるのは当然のことながら都市の富裕者でした。推薦者たちは、自分たちの推薦した人物が選出されることによって得られる見返りを期待していたのです。富裕者にとって政治的な地位は魅力的であったようで、その顕著な例を解放奴隷と思われるある人物の行動にみることができます。解放奴隷は自由民でしたが、奴隷であったことから自分自身は被選挙権がありませんでしたが、解放後に生まれた息子は生来自由な市民でした。この人物は6歳の息子の名前でイシス神殿を修復しており、そのおかげで息子は都市参事会員となりました。イシス神殿入口には、修復の際の碑文

(コピー、実物はナポリ博蔵) が掲げられています。

アボンダンツァ通りに面して邸宅もありました。選挙候補者であった人物の「ユリウス・ポリュビウスの家」や庭園画で知られる「果樹園の家」、庭園に貝殻の上で横たわるヴィーナスの壁画がある「貝殻のヴィーナスの家」などがあります。大体育場の北側を走る通りにも入口のある「オクタウィウス・クアルティオの家」は、こじんまりとはしながらも別荘風に作られた邸宅です。外壁の選挙広告にあった名前から「ロレイウス・ティブルティヌスの家」とも呼ばれますが、オクタウィウスの名前入りの印章が邸宅内で発見されたことから、彼が邸宅の主人とみられています。中に入ってみましょう。

石膏による型取りで再現された玄関扉が人目を引く入口の奥には、典型的な配置ではあっても雨水受けが花壇と化した広間があります。周囲の部屋もヘラクレスの神話画やエジプトの女神イシスの祭司を描いた壁画などで装飾されていますが、この邸宅の圧巻は何といってもその背後に長く続く水路と蔓棚の庭園です。T 字型の水路では、ところどころに見える泉水堂がアクセントをなしています。かつては水路に沿って彫刻が並べられていました。この水路はナイル川に見立てて作られているとされ、邸宅の主人はイシス信仰と関連があったのではないかと考えられています。

当時の人びとの別荘に対する憧憬は強かったらしく、ポンペイの邸宅に別荘の風景画が額絵のようになって描かれているのをよく見かけます。西街区では城壁を利用して、海を眺められる別荘風の邸宅が建てられましたが、この邸宅のように街なかで別荘を実現させようとした例もありました。

この「オクタウィウス・クアルティオの家」では 2011 年末にある問題が発生し、観光客の入場が禁止されました。柱の崩壊が確認されたのです。ポンペイ遺跡では、その前年に通称「剣闘士たちの家（または剣闘士たちの学校)」が全壊して大きく報道されました。アボンダンツァ

石膏遺体（避難者たちの庭）

円形闘技場

通りの北に面し、未発掘域にも接していたこの建物の崩壊は大雨が原因ともいわれていますが、遺跡の保存は常に重要な課題となっています。埋没から1700年近くのあいだを経てよみがえったポンペイは、発掘と観光によって新たな道を歩んでいます。発掘そのものが眠っていた遺跡を地表にさらす破壊行為であったとともに、現在では年間230万人を越える観光客が街中を見学して回っています。埋没時のポンペイの人口が1万人前後であったことを思い起こせば、それだけの重みに耐えている遺跡に驚きすらおぼえます。この貴重な世界遺産をぜひ後世に伝えていきたいものです。

逃避者たちの庭

遺跡南東隅の大体育場や円形闘技場へと赴く前に、南のヌケリア門付近にある建物の庭園を訪れてみましょう。その庭では1961年の発掘においてあらたに犠牲者たちの存在が知られることとなりました。19世紀に考案された石膏を流し込む方法によって、庭の壁沿いから子供も含む13人の遺体がまとまって発見されたのです。皆で逃げる途中、被害に遭ったのでしょう。そのためこの場所は「避難者たちの庭」と呼ばれており、当時の惨状を伝える証言者として今でも彼らが横たわっています。石膏像のようにも見えますが、その中には遺骨があります。火山灰が保存していた最期の姿を再現した石膏遺体なのです。彼らは約3メートル近く堆積した軽石の上から発見されており、そのことは軽石が降り積もった後に襲ってきた火砕サージによって、彼らが命を奪われたことを物語っています。ポンペイ遺跡では、他の場所でもこのような犠牲者たちの姿を目にします。これまでに1,100体以上の遺骨が見つかっています。

石膏による型取りは動植物でも行われました。動物ではある邸宅で発見された犬の石膏遺体がよく知られています。型取りの方法は栽培されていた植物の種類を特定するのにも役立ちます。たとえば石膏で再現された根の形から大体育場に並んでいた樹木はプラタナスであったことがわかりました。ほかにも店舗の扉や住宅の玄関扉などがこの方法によって再現されています。また、植物を実際に栽培する試みも行われています。かつてブドウ畑であったと思われる「避難者たちの庭」でもブドウが栽培されており、昔ながらの方法でブドウ酒も醸造されています。その銘柄は「秘儀荘」です。

大体育場と円形闘技場

「避難者たちの庭」を東に進むと大体育場（パラエストラ）があります。アウグストゥス帝時代に若者たちが身体を鍛錬するために建設されました。その隣には円形闘技場（アンフィテアトルム）がそびえています。小劇場を建設した二人委員たちが前 70 年にやはり私費で建設したもので、現存して建つ最古の円形闘技場とされています。平面プランは楕円形をしており、中央舞台を階段状の観客席が取り囲んでいます。約 2 万人の観客を収容できたとされるこの建物では、剣闘士試合や野獣狩りの見世物が開催されていました。前述しましたが、59 年にはポンペイ市民とヌケリア市民との乱闘騒動が起こっています。噴火で街が埋没した後でも、円形闘技場はわずかに頭をのぞかせていました。それが目印となったのか、装飾品などが持ち出されていきました。そこには人間のたくましさを感じます。

さて、遺跡から一歩外に出れば、現代のポンペイの街が待っています。通りには土産物屋などの商店がずらりと並び、行き交う人びとで賑わっていて、突然現実に引き戻されたような、アボンダンツァ通りの続きのような妙な違和感すら抱いてしまいます。ポンペイは古代遺跡ばかりではありません。19 世紀末に建設された聖堂「ポンペイのロザリオの乙女」は、イタリア有数の聖母巡礼の地となっています。

2．エルコラーノの遺跡

ナポリとポンペイの間に位置するエルコラーノ（古代名ヘルクラネウ

ム）の遺跡の発掘は、ポンペイ発掘開始よりも10年早く1738年に開始されました。古代名ヘルクラネウムはこの都市の伝説的な建設者であるギリシア神話の英雄ヘラクレスにちなんでおり、エルコラーノはそのラテン語名がイタリア語の地名になったものです。ポンペイと同じく79年のヴェズヴィオ山噴火によって埋没しましたが、ポンペイに降下したような軽石ではなく、泥流状の火砕流が約30メートルも堆積して固まったために、遺跡としての特徴は3つの点で大きく異なります。ひとつめは、凝固した堆積物のために初期の発掘が難航して街の一部しか発掘されずに中断し、まだ埋まっている部分の地表には現在の建物が建っていることです。2つめは、火山噴出物が堆積する際にその重みで屋根が崩れ落ちることなく、2～3階建ての状態で建物がそのまま保存されたことです。3つめは、約400℃を越えたと思われるその火砕流の熱によって木製の家具や建築部材が炭化し、そのまま密閉されたために保存されたことです。

湾岸都市ヘルクラネウムは面積20ヘクタール、人口4000～5000人程度であったと推定されています。ポンペイよりも小規模な都市であり、ワイン醸造やオリーヴ、ガルム製造などの産業もありましたが、富裕な貴族たちのリゾート地としての性格が強かったようです。現代の建物がならぶ地表のはるか下から古代の街がたち上がっており、古今の街のコントラストと背景に浮かぶヴェズヴィオ山が印象的な風景となっています。ポンペイと同様に区画割りされた街は、面積4.5ヘクタールほどが発掘されています。郊外浴場、体育場、バシリカといった公共建築物が、また海神ネプトゥヌス（ネプチューン）とその妻アンフィトリテをあらわした壁モザイクが美しい「ネプチューンとアンフィトリテの家」や、かつては海を見下ろして建っていた別荘風の「鹿の家」などの邸宅が店舗とともに姿をあらわしています。公共建築物では、遺跡から少し離れたところに劇場があります。ヘルクラネウムの発掘は、もともとこの遺構の発見（1709年）がきっかけとなって始まりました。

エルコラーノの遺跡と現代の街

ネプチューンとアンフィトリテの家（食堂）

郊外浴場とテラス

木製の間仕切りの家

死者たちの海岸

1980 年、遺跡の南隅に位置する郊外浴場を浸食していた水の排水工事にともなって付近の発掘が開始されました。浴場から南西に続くテラスには街の名士ノニウス・バルブスの顕彰墓が建ち、また細い坂道を挟んださらに南西のテラスはヴィーナス神殿などの聖域になっていました。坂道は古代の海岸へと続いていたはずであり、この発掘ではテラスを支える構造物とともに古代の海辺も姿をあらわすことが見込まれていましたが、結果は予想以上のものとなりました。海辺やテラス下の構造物から、発掘者の意表をついて 300 体近い遺骨が発見されたのです。構造物は連続アーチになっていて、内部は倉庫などに利用されていました。彼らは貴重品を携えて海岸までやってきて、それらの倉庫に集まって避難していたのでしょう。しかし、高温のサージに襲われて一瞬のうちに命を落としたのです。それまで遺跡で発見された遺体は数 10 体と少なかったことから、ヘルクラネウムの住民は奇跡的にも無事に避難できたものと楽観視されていただけに、この発見は衝撃的でした。

ポンペイとは異なって人骨の周囲に火山灰の空洞はありませんでしたが、水を含んだ湿潤な層によって骨の保存状態は良好でした。人骨の分析によって彼らがどのような生活をしていたのかを知ることができます。たとえば、ある男性は身長 172 センチ、年齢 46 歳程度で、骨の重厚さや筋肉の痕跡から栄養状態が良く、労働ではなく運動で身体を鍛えた富裕者であったと推定されました。また、身長 173 センチ、年齢 16 歳とされるある男性は、上半身の骨の発達や歯の摩損から漁師であったと考えられています。ローマ軍のベルトを腰に巻いていた体格のよい男性もいました。年齢 37 歳くらいの軍人と推定されるこの人物については、膝骨の形状から乗馬歴の長いことや、左大腿に残された痕跡から深い傷を負ったものの適切な治療を受けて快復したことなどもわかりました。指環をはめて宝石類を携えていた、みるからに富裕な女性の骨も彼女の栄養状態が良好であったことを伝えています。貧富の差は骨にもあらわれています。富裕な女性とほぼ同年齢の46歳と推定されたまた別の男性の骨や歯は、彼が悪い栄養状態にあって重労働に携わっていたことを物語っており、奴隷身分に属していた可能性を示唆しています。まさに「骨は語る」です。なお、砂浜からは長さ9メートルの漁船もしくは運搬船も一艘発見され、保存処理を施されて遺跡内の建物で展示されています。

炭化した木材やパピルスの巻物

ヘルクラネウムの街を歩くと、炭化して黒くなった屋根の梁や壁の木枠を目にすることができます。火砕流の熱は生木を炭化させるほどではありませんでしたが、乾燥した木材を炭化させました。木製家具では戸棚や神棚、小テーブルといったものが、また機材では布のプレス機も発見されています。特殊な例ではありますが、「木製の間仕切りの家」と呼ばれる邸宅には、その名称の由来となった間仕切りが残っています。応接間を手前の広間と隔てるために設けられたものではありますが、天井まで完全に仕切ってしまうというわけではありませんでした。扉は折りたたみ式になっており、船首をかたどった青銅製のランプ台がついています。広間の横に並ぶ部屋のある寝室からは、炭化したベッドも発見されました。なお、青銅製の家具や彫像、調理具などはポンペイからもヘルクラネウムからも出土しています。炭化物には果物や木の実などもあり、当時の食生活を知るうえでの貴重な資料となっています。

炭化した遺物ではパピルスの巻物もあります。当時、ヘルクラネウムの街の北西には、川を挟んで長さ250メートルを超える大きな海浜別荘が建っていました。18世紀半ばに発見されたこの別荘からは、1000巻以上の巻物の書物が出土しました。そのため、この別荘には「パピルス荘」という名称がつけられています。巻物は複数の部屋にありましたが、哲学者のブロンズ胸像が飾られた一室に集中していました。その部屋は図書室であったと思われます。判読された巻物のほとんどはギリシア語で書かれたもので、なかにはラテン語のものもありました。書物の多くはギリシアの哲学者エピクロスや彼の学派による哲学書で、この発見は古典の研究に大きな成果をもたらしました。

とはいえ、炭化して脆くなった巻物を広げていくのは至難の業でした。幾度もの徒労の末に巻物をそっと解きほぐしていく機械が18世紀のうちに発明されたものの、1年でようやく巻物の半分が展開されるといった気の遠くなるような時間をかけて作業が進められてきました。しかし、技術の革新にともなって、20世紀末からはNASAで開発された天体観測技術が文字の判読に応用されたり、CTスキャンの技術を用いることで巻物を破壊することなくヴァーチャルに展開させるなど、さまざまな試みが進めれられています。

パピルス荘の所有者については、著作が多く発見されたエピクロス派の哲学者フィロデモスの保護者であり、カエサルの義父であったカルプルニウス・ピソやその息子、またヘルクラネウムから出土した碑文に名前があり、キケロの友人でギリシア文化に傾倒していたクラウディウス・プルクルスが候補者としてあげられています。建物自体はあまり地表に姿をあらわしていませんが、18世紀の発掘によって別荘の平面図が作成されています。アメリカのポール・ゲティ美術館には、この別荘をモデルにして建設された「ゲティ・ヴィラ」があり、古代ギリシアやローマ、エトルリアの美術品が展示されています。

3．トッレ・アヌンツィアータの遺跡

ポンペイから5キロほど西に位置するトッレ・アヌンツィアータ（古代名オプロンティス）の古代名は、中世に複製された古代ローマの道路地図にあげられた沿岸地域の地名に由来しています。風光明媚なナポリ湾岸には多くの海浜別荘が建てられましたが、ここからも瀟洒な別荘が発見されています。出土品にネロ帝の2番目の皇妃ポッパエアの元奴隷の名があったことから、ポッパエアもしくはその一族が別荘の所有者で

ポッパエア荘（遺跡入口付近の庭園）

ポッパエア荘（列柱式中庭）

あると考えられたために「ポッパエア荘」と呼ばれています。ここではヴェズヴィオ山の噴火によって軽石などが4 メートル以上堆積しました。18 世紀にはすでにその存在が知られていたものの、別荘の組織的な発掘調査が開始されたのは1964 年になってからです。現在の地上を走る道路などに阻まれて別荘全体は発掘されていませんが、その主要部分は明らかになっています。

古代の別荘入口は現在の遺跡入口とは異なって、前1 世紀半ばの創建時に別荘の中核をなしていた広間（アトリウム）の南側にあったはずですが、16 世紀における用水路の建設にともなって別荘の南部分は破壊されてしまいました。広間の壁画は第2 様式の代表的な作例のひとつで、色とりどりの宝石をちりばめた黄色い大理石の柱で飾られた宮殿を思わせるような建物が描かれています。広間の付近には饗宴の間のほかに浴室もありました。

庭園と庭園画

「ポッパエア荘」を訪れて圧倒させられるのは、空間の広さや部屋数の多さです。ポンペイやヘルクラネウムの邸宅サイズに慣れていると、広間（アトリウム）は王宮の建物を描いた第2 様式の壁画がなければ、ただがらんとした広い倉庫にすら思えてしまうほどですし、ほかの場所がまだ火山堆積物で埋まっているのにもかかわらず、すでに100 近い数の部屋が見つかっています。この建物のアクセントとなっているのは複数の庭園です。遺跡入口にも庭園が広がりますが、建物の内部や奥にも列柱廊のついた庭園がところどころに配されています。東棟の庭園には幅17 メートル、長さ61 メートルのプールもあり、その周囲には大理石でできた大型容器の噴水や彫像がおかれ、プラタナスやキョウチクトウ、レモンの木も植えられていました。半人半馬のケンタウロスたちの大理石像の噴水も発見されていますが、これらは遺跡入口の庭園を装飾していたのではないかと考えられています。

庭園がステータス・シンボルであったことは先に述べたとおりです

が、古代ローマ人は自然を邸宅や別荘にとりこむことに腐心していたようです。古代ギリシア人の個人住宅には庭園がなかったことを考えると、もともと農耕に従事することを誇りとしていた先祖たちから受け継いだローマ人特有の精神が根底にあったのかもしれません。また、ギリシアの哲学者たちが逍遥したという緑あふれる学園（アカデミアなど）に対する憧憬も強かったようです。政治家キケロは自分の別荘の庭園を学園の名で呼んでおり、学園のコンセプトに合わせた彫刻選びにも余念がありませんでした。

「ポッパエア荘」の屋内には庭園画も描かれました。そこには、実際の植物のように花が散ったり葉が枯れたりして色あせることのない理想の庭がありました。写真の壁画では、生い茂る緑に映えて立つ白大理石の水盤からは水が湧き、その縁では水を飲みにやってきた鳥たちが羽を休めています。庭園画は実際の庭園の壁や庭園に面した部屋の壁に描かれていることが多く、この赤と黄の地が印象的な第 4 様式の庭園画も内庭の壁を装飾していました。窓枠として描かれた赤い枠組みの奥に樹木や噴水が見えているかのように描かれています。同様の内庭が間隔をあけて 4 室並んでおり、大きく開けた実際の窓を通してさらに奥の庭園画が見えるという幻想的な空間が続きます。この一連の内庭に挟まれた食堂と思われる部屋はプールのある庭園の列柱廊へと続き、また反対側の窓からは別の庭園を眺められるようになっていて、実際の庭園と架空の庭園の両方を堪能することができました。庭園画には白大理石でできた大型容器の噴水やケンタウロス像も描かれているため、実際の庭園にあった大理石の装飾をも思い起こさせてくれます。

別荘 B

見学可能な遺跡ではありませんが、「ポッパエア荘」から 250 メートルほど東にタイプの異なるローマ時代の別荘があります。1974 年の学校建設工事の際に発見されました。「ポッパエア荘」が別荘 A であるのに対してこちらは別荘 B と呼ばれており、出土した名前入り印章から

ポッパエア荘の内庭の壁画

「ルキウス・クラッシウス・テルティウスの別荘」ともいわれています。2階層建ての重厚な列柱廊が建物の中核をなしていますが、住人たちがそこで優雅に散策を楽しんでいたわけではありませんでした。列柱廊の一角には400個以上のアンフォラ（運搬・貯蔵用の壺）が積み重ねられていたのです。そのほとんどがワインを入れるためのものでした。列柱廊の床には荷車の轍の跡が残っていることなどから、この建物は農産物の集荷や加工、またワインの瓶詰めおよび販売を行う作業所であったとされています。ブドウ搾り器などが発見されていないため、農産物やワインはどこか別の場所で生産または醸造されていたようです。

列柱廊を取り囲んでいた部屋は倉庫にあてがわれていました。そのうちの一部屋からは、54名の遺骨が見つかっています。ポンペイと同様に堆積した火山灰には空洞があり、そこに石膏を流し込む型取りが行われたほか、透明な繊維強化プラスチックをもちいることによって、骨や装身具などを見える状態で残す型取りの試みもなされました。避難者たちは部屋の奥と入口付近で２つのグループに分かれていたようです。奥の人びとは貴重品をもっていないことから奴隷や召使いたち、あるいは労働者たちであり、これに対して手前の人びとは金銭や宝石類を携えていたことから富裕者たちであったとみられています。

古代ローマ人が生活していたポンペイ、ヘルクラネウム、オプロンティスの都市や別荘は、ヴェズヴィオ山の大噴火という自然災害によって埋没しましたが、発見そして発掘という人間の行為によってふたたび日の光を浴びるようになりました。この地域の世界遺産は、まさに人間の手から手へと託されたものといえましょう。

第4章　イタリア南部

1. ナポリ歴史地区（地図の⓫）

ナポリを見て死ね。とはいうものの、ナポリを見るのは簡単なことではありません。優に2500年を超す歴史を誇るこの町には、豊かな文化遺産がたっぷり詰め込まれているからです。ナポリの起源となったのは、紀元前7世紀半ば、ギリシア人が現在の卵城の近くに築いた町パルテノペです。そしてパルテノペに代わる「新しい町」として、紀元前470年頃、古い町の東側にネアポリスが建設されました。ナポリの名称はこのネアポリスに由来しています。紀元前326年にローマの同盟都市となりますが、その後もギリシア文化の香りが絶えることはなく、ローマ人名士を数多く引き寄せました。ローマ帝国が滅亡してからのナポリの歴史は、紆余曲折を経て現代へといたります。その特徴のひとつは、19世紀後半にイタリアが統一するまでに、スペインをはじめとする数々の外来の王朝がナポリで繁栄したことです。

ガリバルディ広場

鉄道でナポリを訪れると、最初に目にするのは中央駅前に大きく開けたガリバルディ広場です。イタリア統一運動の英雄の名を冠しているとおり、広場の奥にはガリバルディの像がそびえ立っています。高い台座には2つの高浮彫があり、ひとつはナポリに入城するガリバルディ、もうひとつはヴィットーリオ・エマヌエーレ2世とガリバルディの会見の場面を表しています。2人の会見は「テアーノの握手」と呼ばれる伝説的な事件で、翌年の1861年、ヴィットーリオ・エマヌエーレ2世は統一されたイタリアの初代国王となりました。

カステル・ヌオーヴォ

広場から南西にのびるウンベルト1世（第2代イタリア国王）通りをまっすぐ進み、途中の分岐を左に折れると、道の正面突き当たりに灰色の丸い塔が見えます。この塔はカステル・ヌオーヴォ（新城）と呼ばれる巨大な城砦の一部です。今でこそ威容を誇る砦ですが、建設当初は王宮でした。創建したのは、13世紀後半からナポリを支配したフランスのアンジュー家の始祖カルロ1世（シャルル・ダンジュー）です。この宮廷にはペトラルカやボッカッチョが招聘されました。その後、アンジュー朝の王宮はほとんどすべて失われ、王宮礼拝堂だけが城塞の中に残されました。堂内にはジオットと弟子たちによって描かれたフレスコ画の一部が現存しています。

城塞の入り口は、西側面にある大理石の壮大な凱旋門です。この門は、15世紀半ばに新たなナポリの支配者となったスペイン・アラゴン朝のアルフォンソ5世を称えています。アラゴン朝の時代に、カステル・ヌオーヴォは要塞に変貌を遂げました。16世紀には城の周りに壁が築かれましたが、19世紀から20世紀にかけて堀と城壁が取り払われました。現在、城塞を取り囲んでいる広々とした空間はその名残です。

サン・カルロ劇場

城砦入口の前方にある大通りを左に進むと、地上階がアーケードになっている建物が左に見えてきます。スペイン・ブルボン朝の初代ナポリ王カルロ7世が建設したサン・カルロ劇場です。こけら落としはカルロ王が登位して間もない1737年に行われました。場内の舞台正面奥には豪華な王家の桟敷が設けられ、平土間席の周りを6階層のボックス席が馬蹄形に取り囲んでいます。この劇場では、ロッシーニやドニゼッティなどの数々のオペラが初演されました。

ウンベルト1世のガレリア

劇場の真向かいに見えるのは、ウンベルト1世のガレリアの正面ファ

カステル・ヌオーヴォ

サン・カルロ劇場

サードです。入り口のアーチをくぐると、鉄とガラスの屋根で覆われた明るい空間が広がっています。ガレリアは十字形の平面プランを持ち、交差部に載るクーポラは、高さ約 57 メートルにもおよびます。1890 年に完成したこのガレリアには、当時、ベル・エポックの時代にフランスで流行していた「カフェ・シャンタン」（音楽の生演奏を楽しむ店）がイタリアで初めてオープンし、流行の先端を行く場所として注目されました。

王　宮

ガレリアを出て劇場を左に見ながら海の方へ少し進むと、大きなプレビシート広場が目の前に現れます。広場には、幅 169 メートル、3 階建のファサードを持つ王宮が面しています。1 階のアーチの下にはナポリに君臨した歴代の王（ナポリ大学を創設したフェデリコ 2 世や神聖ローマ皇帝カール 5 世など）の彫像が置かれ、広場に集まる市民を見守っています。王宮はスペイン王フェリペ 3 世を迎えるためドメニコ・フォンターナによって 1600 年に建設が開始されましたが、結局、王が宮殿に来ることはありませんでした。ファサードと真四角の中庭は、当時のオリジナルの姿をよくとどめています。その後 18 世紀半ばに、北東の方向に大幅な拡張工事が行われました。

現在、中庭の周辺の居室は博物館になっており、ナポレオンの家具調度や、ルカ・ジョルダーノなどの宗教画を見ることができます。王宮礼拝堂内に展示されているプレセピオはみごとです。プレセピオはキリスト生誕の情景を再現したミニチュアの模型で、18 世紀のナポリが舞台であるこのプレセピオには、200 体を越える羊飼いや動物たちの人形が登場します。さらに王宮内には国立図書館があります。図書館はカルロ 7 世が相続したファルネーゼ家の文庫に由来し、ヴェズヴィオ山の噴火で埋まったエルコラーノの別荘から出土したパピルスなど、貴重な史料を収めています。

卵　城

王宮の南に位置するサンタ・ルチア地区の突端に、卵城がそそり立っています。ギリシア時代、この岬はメガリスという名の小島でした。ローマ共和政末期には、贅沢で名をはせたルクッルスの豪邸の離れ家がありました。中世に入ると、地理的に重要なこの場所は、早くから要塞化されます。やがてフェデリコ２世によって砦が強化され、13 世紀後半、アンジュー家のカルロ１世の時代から王宮としても使われるようになりました。カステル・ヌオーヴォの凱旋門の主役であるアルフォンソ５世は、この卵城で死を迎えています。その後の城砦の歴史は波乱に富んでいます。16 世紀初頭には地雷で甚大な被害を受け、1733 年には後のナポリ王カルロ７世の軍隊から砲撃を受けました。そして 1799 年のパルテノペア共和国樹立の際、砦は市民によって占領されました。

14 世紀から用いられている卵城の名前は、ウェルギリウスの伝説に由来します。この古代ローマの偉大な詩人は、中世には魔法使いとして崇められていました。伝説によれば、あるときウェルギリウスは卵を水差しに入れ、次に水差しを鉄のかごの中におさめ、さらにそのかごを砦のある部屋に吊したそうです。そして人びとは、この卵の運命が、砦の運命そのものだと考えたのです。言い伝えでは、14 世紀、ジョヴァンナ女王の時代に卵が割れて砦が崩壊したため、女王はすぐに砦を再建して元の場所に卵を吊したとのことです。

サン・マルティーノ修道院

次は、卵城の背後にあるヴォメロの丘に登りましょう。ウンベルト１世のガレリアの西向かいにある駅からケーブルカーに乗ると、あっという間に丘の上にたどり着きます。まずは、丘の南東の断崖上にそびえ立つサン・マルティーノ修道院を訪れましょう。この修道院は、1325 年、アンジュー家の王ロベルト１世の息子によって創設されました。16 世紀末から大規模な改修工事が行われ、特にコジモ・ファンツァーゴによって 17 世紀前半に改築された結果、ナポリバロックを代表する建築物となります。当時、修道院の工事現場はナポリの新しい芸術の実験の場と化し、やがて修道院は街のバロック芸術のモデルとして注目されるようになりました。

修道院の入口を過ぎると、前廊の設けられた教会が見えてきます。教会はもともと三廊式でしたが、側廊はのちにいくつかの礼拝堂に作り替えられました。教会はいわばバロックの絵画館です。内陣の奥の壁には、グイド・レーニのフレスコ画『キリストの誕生』があります。聖具室の天井画はカバリエーレ・ダルピーノによって描かれました。宝物礼拝堂では、フセペ・デ・リベーラの傑作『十字架降下』とルカ・ジョルダーノのフレスコ画を見ることができます。

教会の背後には、大きな回廊が開けています。中庭の一角を占める修道僧の墓地の欄干には、頭蓋骨のオブジェが所々に置かれています。そして回廊の角に設けられた扉のひとつは、修道院が捧げられたサン・マルティーノと、町の守護神サン・ジェンナーロの胸像を戴いています。

カステル・サンテルモ

修道院の裏手、標高249メートルの丘の頂上にそびえ立つのが、星形の平面プランを持つ城砦カステル・サンテルモです。名称は、かつて同じ場所に建っていた聖エラスムス教会にちなんでいます。砦は、1329年、アンジュー朝のロベルト１世によって築かれました。16世紀の前半にナポリ総督ペドロ・デ・トレドが周囲に城壁を巡らせて防御を強化しますが、1587年に火薬庫に雷が落ちて城塞のかなりの部分が吹き飛んでしまいました。城砦は町を守るのが本来の役目ですが、カステル・サンテルモは牢獄に利用されるなど町に敵対する存在としてしばしば民衆を苦しめました。

カール５世の大きな紋章がある入口を通り、屋根で覆われた階段を上っていくと、屋上のテラスにたどり着きます。テラスの中央には、16世紀にさかのぼるサンテルモ教会が建っています。そして眼下には、ナポリのすばらしい景観が広がります。街のところどころに、ガレリアや

ウンベルト１世のガレリア

王　宮

卵　城

サン・マルティーノ修道院

王宮など、これまでたどってきたモニュメントを見つけることができますが、街の風景でとりわけ目立つのは、街の真ん中を貫く一本の通りです。そこでヴォメロの丘から、この通りの方へ下りてみましょう。

スパッカ・ナポリ

下りは、上りとは別のモンテサント駅に下りるケーブルカーを利用してみましょう。到着駅を出て、毎日がお祭りのような賑わいを見せるピニャセッカ界隈を通り抜けると、丘の上から見えた通りの西の起点ジェズ・ヌオーヴォ広場にたどり着きます。東西に延びるこの通りは、ナポリの街を「真っ二つに割っている」(イタリア語でスパッカーレという) ことから「スパッカ・ナポリ」と呼ばれていますが、元来、古代ギリシアの街の目抜き通りのひとつでした。したがってスパッカ・ナポリは、ナポリで最も庶民的で賑やかであると同時に、最も由緒ある地区でもあるのです。

処女マリアの尖塔

ジェズ・ヌオーヴォ広場の中央には、高さ 30 メートルの「処女マリアの尖塔」が立っています。この塔は、イエズス会士たちが伝道の拠点となる場所を記念して 18 世紀の半ばに建設しました。尖塔の形は、当時のさまざまな宗教行事の際に担ぎ出された山車の姿に着想を得ています。

サンタ・キアーラ教会

広場の東に面する建物は、ナポリで最も有名な教会のひとつ、サンタ・キアーラ教会です。ベネデット・クローチェ通りに面した大きな門をくぐると、3 つの尖塔アーチを持つファサードを仰ぎ見ることができます。教会は 14 世紀の前半にアンジュー朝の王ロベルト 1 世の王妃サンチャの強い後押しによって創建されました。当初、教会はゴシック様式でしたが、18 世紀半ばの改築によりバロック様式へと変貌を遂げました。しかし、第 2 次大戦中の 1943 年 8 月の爆撃により、建物のほとんどが焼け落ちてしまいます。戦後、残骸の中から復元作業が始まり、教会は元のゴシック様式の姿でよみがえりました。広々とした身廊の両脇には礼拝堂が並び、奥の内陣にはロベルト王の墓があります。墓は教会のファサードのような豪華な彫刻で飾られていましたが、大半が失われてしまいました。内陣裏の聖歌隊室には、ジオットのフレスコ画『キリストの哀悼』の断片が残されています。

教会の裏手には、美しい回廊が広がっています。入口は、教会の外側の左奥にあります。アンジュー朝にさかのぼるこの回廊は、18 世紀にマジョリカ焼きのタイルを用いて改築されました。黄、緑、青を中心とする彩色陶板によって装飾された八角形の柱やベンチが、中庭の木々や青い空と呼応しながら、楽園のような雰囲気をかもし出しています。

サンタ・マリア・マッジョーレ教会

教会を出て右に進むと大きな鐘楼が一角を占める四つ辻があり、そこを左に折れて上り坂を北上すると、まもなく十字路にたどり着きます。ここから東に延びる道が、古代ギリシアの街の大通りデクマヌス・マキシムスに相当します。スパッカ・ナポリと平行に走るこの通りは、東の突き当たりにある裁判所（トリブナーレ）に因んで、トリブナーリ通りと呼ばれています。

トリブナーリ通りを東に進むと、左手に広がる総合病院の敷地越しに、サンタ・マリア・マッジョーレ教会がそびえ立っています。この教会はナポリで最古のバジリカのひとつに由来し、17 世紀にクーポラを戴く十字形プランに改築されました。教会の前には、11 ～ 12 世紀頃に建てられたナポリで最も古い鐘楼があります。かつてバジリカの前方には列柱で囲まれた玄関が設けられ、鐘楼はその中に取り込まれていました。赤煉瓦の鐘楼は、下部の所々に古代ギリシア・ローマ時代の白大理石の建築部材が埋め込まれており、町の長い歴史をユニークな表情で物語っています。

サン・パオロ・マッジョーレ教会

トリブナーリ通りをさらに東へたどりましょう。左側に注意しながら

サンタ・キアーラ教会

サン・パオロ・マッジョーレ教会

進むと、小さな教会前の通り際に置かれたブロンズの頭蓋骨が見つかるはずです。それを過ぎると、左側にサン・パオロ・マッジョーレ教会が現れます。ここはかつて、古代ギリシアのアゴラ（中央広場）があった場所で、教会は古代神殿の遺構を利用して建てられました。神殿はルネサンス時代に入るまでほぼ昔の姿をとどめていましたが、1538年に修道士たちによって大規模に破壊されてしまいます。1590年、残された神殿の前柱廊を再利用して教会として改築されますが、17世紀の2度の地震によって崩壊し、その後、神殿はほとんど失われてしまいました。現在の教会の高い基壇と、ファサードに立つコリントス式の2本の円柱は、古代神殿のごくわずかな名残です。

サン・ロレンツォ・マッジョーレ教会

サン・パオロ・マッジョーレ教会のはす向かいに建つのは、サン・ロレンツォ・マッジョーレ教会です。13世紀後半、アンジュー朝のカルロ1世の時代にフランスの建築家によってアプシデ（後陣）が建設され、その後14世紀前半、カルロ2世の時代にナポリの建築家によって身廊が建設されました。度重なる地震によって被害を受けたため、17～18世紀にバロック様式で改修されますが、19世紀末以降に散発的に行われた修復によってバロック装飾は取り除かれました。ただしファサードのみ、バロック様式がそのまま残されています。

この教会は、ボッカッチョが作品の題材となる特別な女性（言い伝えによれば、ナポリ王ロベルト1世の庶子マリア）に出会った場所としても有名です。1336年には、ペトラルカが隣接する修道院に滞在しました。また、教会の祭壇画はシモーネ・マルティーニによって描かれ、現在、カーポディモンテ美術館に所蔵されています。

地下都市

サン・ロレンツォ・マッジョーレ教会の地下には、古代ギリシア・ローマの遺跡が発見されています。遺跡には、教会の中庭から降りていきます。ローマ時代、ここにはマケッルム（市場）がありました。この市場は、人工基盤によって支えられたテラスの上に作られています。ナポリの街は斜面の上に広がっているので、段々のテラスを築いて平地を確保していたのです。中庭の階段をいちばん下まで降りると、南北に延びる石畳の道にたどりつきます。この道は、教会の地面の7メートル下に位置しています。道に面していくつもの部屋が並んでいますが、これらの部屋が市場のテラスを支える人工基盤の役割を兼ねています。一方、この部屋を支えているのが、紀元前4世紀のギリシア時代の大きな立方体の切石です。遺跡には、この切石で築かれたギリシア時代の深い水槽も発見されています。雨が降れば道は川と化したため、水槽は排水溝の役目も果たしていたのでしょう。5世紀になってこの場所に教会が建てられたとき、ローマ時代の市場は、洪水の土砂によってすでにほとんどが埋まっていました。

ジロラミーニ教会

トリブナーリ通りをまた先に少し進むと、左手の小さな広場の奥にジロラミーニ教会があります。16世紀末に建設が開始されたトスカーナの古典様式の教会で、クーポラは17世紀半ばに完成しました。18世紀に改築されたファサードには、両脇の鐘楼に寄り添うようにペテロとパオロの彫像が置かれています。内部は12本の列柱によって区切られた三廊式です。この教会には地元のみならずイタリア各地から著名な画家が集まり、内部装飾を手がけました。身廊のファサード側には、ナポリの画家ルカ・ジョルダーノの代表作のひとつ『神殿から商人を追い払うキリスト』が描かれています。右の最初の礼拝堂では、ローマで活躍したピエトロ・ダ・コルトーナの『聖アレクシス』を見ることができます。ボローニャ派のグイド・レーニは、聖具室に『洗礼者ヨハネ』を描きました。このように地元以外の画家が活躍できたのは、ジロラミーニ教会を創建したオラトリア会が、おもにローマやトスカーナ出身の人びとで構成されていたからです。

ナポリ大聖堂

ナポリ歴史地区の散歩は、大聖堂で締めくくりましょう。トリブナーリ通りはジロラミーニ教会を過ぎたところで大きなドゥオーモ通りにぶつかります。そこを左に折れるとすぐ、通りに名を与えた大聖堂（ドゥオーモ）が右手に現れます。教会は 1313 年、アンジュー朝のロベルト 1 世の時代に完成し、聖母マリアに捧げられました。町をおそった地震による被害も加わって、大聖堂は度重なる修復を受けて現在の姿にいたっています。ファサードは 20 世紀初めにネオゴシック様式で改築されましたが、聖堂の 3 つの扉は 15 世紀初めに改修された状態で残されています。中央の扉でひときわ目立つライオンを形どった柱の基礎は、14 世紀初めの創建時のものです。

教会内部は、16 本の角柱によって身廊と側廊に分けられています。右側の側廊には、大聖堂のいちばんの見所であるナポリの守護聖人サン・ジェンナーロの礼拝堂があります。十字形のプランを持つこの礼拝堂は、ペストから町を救った守護聖人への感謝の印として 17 世紀前半に築かれました。天井を飾る鮮やかな絵画は、エミリア地方出身の画家によって描かれています。クーポラのフレスコ画はジョヴァンニ・ランフランコが制作し、サン・ジェンナーロを題材とするそのほかの天井画はすべてドメニキーノが描きました。正面主祭壇の脇には、金メッキを施した銀製の守護聖人の胸像が置かれていますが、この中には、サン・ジェンナーロの骨が収められています。さらに礼拝堂には、聖人の血の入ったガラス瓶が保管されています。ふだん聖人の血は凝固していますが、年に 2 回、5 月の第 1 日曜日と 9 月 19 日の殉教の日にのみ、血が溶けるのです。この祝祭日には、奇跡を一目見ようと町中から人びとが押し寄せてきますが、そのときだけ、いつも閉ざされている大聖堂の右扉が開かれます。そして聖人の胸像が神輿として街なかに担ぎ出され、ただでさえ賑やかなナポリ人たちをいっそう熱狂させるのです。

サン・ロレンツォ・マッジョーレ教会

ナポリ大聖堂

地下都市

2．アルベロベッロのトゥルッリ（地図の⑮）

イタリア半島の南端近く、プーリア州バーリ県の地方都市のひとつとしてアルベロベッロがあります。南イタリアのアドリア海に面するバーリから南東へ60キロメートル足らずの内陸部の平坦地にある都市です。この街を歩くと、まるでおとぎの国に迷い込んだような錯覚を憶えます。なぜなら、白い壁が街路に沿って続き、その上に円錐形のとんがり屋根を載せた家々が立ち並んでいるからです。この街にはその地域の材料を使って、自然環境や地形と調和しつつ、人類が先史時代以来作り続けてきたきわめて簡素な住居の造り方が連綿と受け継がれ、そしてまた、そうして作られた住居による街並が出来上がっているのです。驚くべきことに、現在この地を訪れると、先史時代からの住居の造り方が今でもきわめて有効であり、そこに生まれた生活空間や街並が現代の生活に十分対応していることを実感できることです。

この独特の形をもつ住居はトゥルッリと称されています。この言葉はトゥルッロの複数形を表現するものですが、一般には複数形で使われています。このトゥルッリは現在のアルベルベッロの街の南側に多く残っており、今のところ1600軒ほどです。多くのトゥルッリが建ち並ぶのは街中のおもに2つの地区です。それは、街のやや南側よりを南東から北西にかけて通り抜けるインディペンディ通りからラルゴ・マルテロッタに続く街路の北側のアイア・ピッコラ地区と、南側のモンティ地区です。前者には590軒のトゥルッリがあり、後者にはその2倍弱の1030軒のトゥルッリが丘の斜面6ヘクタールほどの広さに分布しています。2つの地区のトゥルッリを較べてみると、モンティ地区のほうが建物として少し揃っていて、一体感がある印象を与えます。

トゥルッリは間仕切りのないひとつの四角形平面の部屋にひとつの円錐形の屋根がかけられていることが基本となっています。この部屋は壁で間仕切られることはなく、分けて使う場合にはカーテンなどで仕切られます。部屋が極端に大きくなることはなく、１辺が数メートルほどです。ひとつの住居がひとつの円錐形の屋根をいただくひとつの部屋からなるとは限りません。より大きな住居を必要とする場合には、円錐形の屋根をもった四角形平面の部屋が必要に応じて複数繋げられるのです。

部屋を作る壁は、近隣の原野で拾い集められた石灰岩を石材のように若干加工し、揃えて積み上げることで作られます。壁は外壁と内壁の２重に積み上げられ、２つの壁の間には割りぐり石が詰められています。屋根は灰色の板状の石灰岩を迫り出し式に積み上げることで作られ、円形あるいは若干楕円形平面の円錐形を形づくります。平面が四角形でその上に円形平面がのるので、部屋の隅部にはスキンチが架けられることとなります。壁の厚さがかなりありますので、暖炉やオーブン、ちょっとした物を収納したり、あるいは並べたりするアルコーヴなどは壁の厚みの中に抉られた窪みに納められています。

平たい石材を積み上げたように見える円錐形をなす屋根も壁と同じよう２重となっていて、その頂部には独特の意匠を持つ小さな塔あるいは突起物のようなものが載せられているものもあります。その意匠はさまざまで、しばしば厄よけの役割を果たしていると考えられています。円錐状の屋根面には材料となる石材がそのまま見えており、塗料を塗ったりはしませんが、コケ類や地衣類が部分的に覆うこともあります。屋根面には必要に応じて上れるように小さな階段が作られています。屋根面はそれを作る石材の灰色をしているのですが、それぞれの世帯で白石灰を使って図柄が描かれる場合も見受けられます。その図柄の意味するものは宗教上あるいは何らかの神話にもとづくシンボルとみられています。

比較的乾燥している地域ですが、雨の処理も大切な問題です。トゥルッリではとんがり屋根部分に降った雨は軒のところに作られた雨水を流す水路を使って集められ、さらにその雨水は住宅の地下に作られた貯水槽に集められます。そうして集められた雨水はさまざまな用途に活用されています。

トゥルッリの内部においては入り口、窓などの開口部回りはすべて木で作られており、棚などの内部の造り付けの家具なども木で造られています。円錐形の屋根の形がそのまま四角形平面の部屋の上に見え、木製の平坦な天井などは張られてはいません。円錐形屋根がかかる四角形平面の部屋が連続してつながる場合には、つなげる開口部にはアーチが架かることが一般的です。また通常は1階のみですが、木で作った床を張って2階をもつ場合もあります。2階へは木製の階段によって上ります。

トゥルッリの外観を見ると、その壁は円錐形のとんがり屋根と異なり白漆喰が塗られています。それを塗ることで、壁を作る石材の外郭線に丸みを与えています。出入り口はトゥルッリに開けられる開口部で最も大きく、その上部は三角破風のような形をして円錐形の屋根に食い込むような高さに達するものもあります。窓はきわめて少なく、その大きさもあまり大きくありません。トゥルッリの壁の高さは特に統一されているわけではないのですが、ほぼ同じくらいの高さで揃っており、街路に面して連続する白漆喰の壁の上に円錐形のとんがり屋根が連続して続いていく街並を形成しています。

これほど特徴的な形をした住居がこの地でどのようにして作り続けられてきたのかを辿ってみると、先史時代まで遡る可能性が高くなります。なぜなら、アルベロベッロが位置するイトリア谷には先史時代からの集落の存在を示すものが確認されているからです。そして、円形の平面に円錐形の屋根をのせた建物は一般にソロスと称され、イタリアやその他のヨーロッパの中で先史時代から作られていたことを示すものがよく残されているからです。ただ、現在の集落は14世紀中頃からのものと考えられ、16世紀初めに南イタリアのコンヴェルサーノの伯爵であったアンドレア・マッティ3世が、この地の開墾のために近くの領地であるノーチからおよそ40世帯を移り住まわせたのが、本格的集落の始まりとされています。ただし、近年の研究によれば、すでに1000年頃に

アルベロベッロの町

トゥルッリの家並み

部屋の天井

サン・アントニオ教会

はこの地に小さな集落が作られ、それらが集まって現在のモンティ地区のような村を作っていたと考えられるようになっています。

その後、しだいに村が大きくなって、17世紀初めにはこの地を支配していたアラゴン王国のアクアヴィーヴァ家のジャン・ジローラモ2世がここにパン屋、粉引き小屋、宿屋などの建物を整備させたと言われています。このような時期の話として、1644年に訪れたナポリ王国の税務調査の役人に対して税の取り立てから逃れようとしたことと、この特異な住居の造り方が結びつけられて語られています。つまり、トゥルッリに見える石材を積み上げて円錐状に屋根を架ける造り方は作るのも簡単で短時間でできるとともに、壊すことも同じくらいの手短かさと容易さでできる特徴があります。したがって、当時建物にかけられていた税を逃れるために、税務調査に役人が来た場合には建物の屋根を壊し、その後すぐに立て直していたという解釈です。

しかし、この話の信憑性については何とも言えません。現在のさまざまな観点から推察すると、迫り出し式に石材を積み上げながら円錐状の屋根の架ける方法は先史時代から各地に見られること、その作り方はそれぞれの地域で集められる石材を最も少ない労力で誰でも容易に比較的短い期間で屋根を作るのに適すること、などが大きな影響を与えていたと考えられます。その後、18世紀末になると人口は3500人を超え、20世紀前半までこのトゥルッリが建てられ続けました。

ここで現存するいくつかのトゥルッリについて見ていきたいと思います。まず、最も古い部類に属し、かつ最も大きな規模の仲間でもあるものとしてカーサ・ペッツォーラがあげられます。これは今では地域博物館となっていて、ピアッツァ・ヴェンティセッテ・マッジオにあります。この建物は15ものトゥルッロが連続して結びつけられ、全体として大きな複合体をなしているのです。その一部は建設時期を18世紀まで遡れるものとなっています。

次に取り上げるのはトゥルッロ・シアメーゼです。この建物は2つの円錐形が連続して繋がった形の屋根をもち、外壁を見ると玄関周りは白漆喰で塗られていますが、一部は石の空積みのようすをそのまま見せた外観となっています。通常のトゥルッリは円錐形の屋根の外形を見せながら連続して並ぶのですが、ここでは2つの屋根の間が繋がれ、ほとんど一体化しています。

最後に取り上げるのがピアッツァ・サクラメントに面して立つトゥルッロ・ソヴラーノです。これはアルベロベッロに残るトゥルッリの中で内部が2階建てとなっている貴重な事例であるとともに、最も大きな規模を誇るものでもあります。18世紀中頃に建設されたもので、建物全体では12の円錐状のとんがり屋根を持ち、その中で最大のものは14メートルほどの高さがあり、その部分は2階建てとなっているのです。正面出入り口のアーチの上には大きな三角形の破風がのり、外壁は白漆喰で仕上げられています。内部には大小さまざまな大きさの部屋が連続して繋がり、その内側壁も白漆喰で仕上げられています。

トゥルッロの造り方で作られた教会堂としてサン・アントニオ教会があります。モンティ・ペルティカ通りとヴィーコ・カドーレの交差点に立ち、モンティ地区の最も高い位置あります。1926～1927年に建てられ、2004年に修復を受けています。内部はギリシア十字形平面をなし、ヴォールト天井が架られ、交差部に高さ21メートルほどの大きな円錐形の屋根がのっているのです。正面中央にはアーチによる出入り口が開き、その右側には鐘楼が立っています。壁は白漆喰で仕上げられ、複数の円錐形の屋根が載せられ、外観はまさしく伝統的トゥルッリと同様の姿を見せています。

3．カゼルタの18世紀の王宮と公園、ヴァンヴィテッリの水道橋とサン・レウチョ邸宅群（地図の⓲）

ナポリの北方約32キロの場所にナポリ王カルロ7世（後のスペイン

王　宮

王宮の入り口

王カルロス3世）の王宮とその公園があります。現在のカゼルタの街の北側にあり、モンテ・マイウローロとモンテ・ブリアーノの2つの山に挟まれたサン・シルヴェストロの森を敷地としており、そこはもともとブドウ畑と果樹園でした。王宮は真北よりもわずかに東に触れた角度で建物と庭園が作られています。ほぼ平坦な敷地の南側に矩形平面の王宮の建物があり、その南側には楕円形をなしたパレード用の空地が置かれ、北側には北に向かって細長く延びた庭園が広がっています。まず、訪れた人びとを驚嘆させるのは、この建物と庭園の中心を南北に貫く圧倒するような長さの軸線と、その軸線の上から見る眺望でしょう。カルロ7世がフランスのヴェルサイユ宮殿に匹敵する新しい王宮として建てさせたもので、まさしくブルボン王朝の権威を誇示しています。工事は1752年に始まり、彼の後を継いだフェルディナンド4世のもとでも続けられ、担当した建築家ヴァンヴィテッリが亡くなった1773年まで続きました。その後、彼の息子カルロ・ヴァンヴィテッリらに引き継がれ、1845年に完成しました。

王宮の建物本体は幅247メートル、奥行き184メートルの矩形をなし、田の字型平面で、内部には4つの矩形の中庭が配置されています。隅部や交差部分はすべて直角に作られ、左右対称となっています。平面の「田」の字を構成するそれぞれの直線部には数々の部屋が並び、その総部屋数は1200に達し、5階建てで34の階段を備え、高さは36メートル、床面積は45,000平方メートルに及びます。1・2階は倉庫や執務室に当てられ、3・4階がレセプション関係の部屋と王族の居住する部屋で埋まり、最上階は廷臣や使用人たちの部屋となっていました。

中央の軸線上で、「田」の字の中央にあたる2つの直線状の部屋の並びが交差する点には、八角形平面のホールが置かれています。このホールはヴェステブルム（玄関ホール）として使われ、最上部にはドーム屋根が載せられています。この八角形ホールからは、東西南北の方向のみならず、中庭に向かう斜め方向にも、すなわち8つの方向に向かってヴィスタが設定され、この王宮に壮大なスケノグラフィクな効果を生み出しています。このようなスケノグラフィックな効果の強調、そしてまた多方向へのヴィスタの設定が、ヴェルサイユ宮殿などその他の規模の大きな宮殿や王宮とは異なる点で、この王宮をイタリアにおける後期バロックの代表作としているのです。

中央の八角形ホールの一方は巨大な階段室に繋がっています。この大階段は折り返した後に両側の階段でさらに上るもので、上部には楕円形のドーム天井がのせられています。そのモニュメンタルさゆえにさまざまな映画のシーンでこれまで使われてきました。この大階段の反対側に置かれた「パラティーナの礼拝室」はヴェルサイユ宮殿の礼拝室を参考にしています。さらにその礼拝室の背後には馬蹄形平面をなした劇場が置かれています。

建物は煉瓦造なのですが、１・２階部分はトラヴァーチンによる切り石積み仕上げとされています。その上に２層の打ち抜きの大オーダーが付き、正面側はコンポジット式オーダーが使われています。立面は横に細長い平坦な面をなし、両端部が前方に少し突出した姿を見せています。しかし、正面側のみは中央部のみが前方へやや突出し、そこに神殿風の破風がのせられています。こうした立面は18世紀後半においてフランスやイギリスなどのヨーロッパ各国でよく使われた方法でした。

この正面からほぼ真北に広がるのが庭園部分です。その長さは3キロメートルにもおよび、120ヘクタールほどを占めます。この庭園を計画したのは王宮を計画したルイジ・ヴァンヴィテッリですが、完成させたのは息子のカルロ・ヴァンヴィテッリです。庭園の中央には細長い長大な池が延び、その中に王宮側から順に「マルゲリータの噴水」「イルカの噴水」「アイオロスの噴水」「ケレスの噴水」「ウェヌスとアドニスの噴水」「ディアナとアクタイオンの噴水」が一直線上に並んでいます。さらに王宮から北に向かうこれらの池と泉の両側に幾何学模様の庭園が広がり、最初は王宮から少しずつ下り、途中からわずかに上る配置となり、その中心軸は最後に150メートルの高さから「ディアナとアクタイオンの噴水」に水が流れ落ちる大爆布で終わっています。

王宮の中心軸が、そのヴィスタ（見通し）と一緒になって、その正面入り口から王宮の地上階に設けられたヴォールト天井の架かる通路に沿って建物全体の奥行きを貫通し、さらに約3キロメートルの長さにわって延びる細長い池の中心に重なり、最後の噴水と水爆布で終わる構成は、建物と庭園を一体とすることで作りだされています。この王宮に見られる左右対称への強いこだわり、並外れた規模での壮大な軸線とヴィスタはまさしく後期バロック時代の最後を飾るにふさわしいもので、他の類似した宮殿よりも徹底的して貫かれています。

サン・レウチョの邸宅群はカゼルタの宮殿の庭園の北端の巨大な噴水の西側に作られた前例のない社会的実験の小さな街であり、そこに労働者のための理想都市、あるいは一種の社会主義による街の原型とも言えるような街を作ろうとした名残りを見ることのできる場所です。そこでは絹を原料とした手工業にもとづく労働者の街が出現し、フェルディナンドポリスという新しい都市へと発展する予定でしたが、その計画は最後にはフランス軍の侵入により頓挫することとなりました。

この場所はもともとカゼルタの王家のアクアヴィーヴァ家の土地で、そこに狩猟小屋が立っていました。この土地をカルロ7世が購入し、その後に王位を継いだフェルディナンド4世はこの場所が気に入り狩猟場として使い、そこに狩猟小屋を1773年に建て始めました。しかし1778年に彼の息子がここで亡くなるという悲しい出来事ののち、狩猟場として二度と使うことはなくなりました。そして彼は宰相ベルナルド・タヌッチに相談し、建築家フランチェスコ・コッレチーニの計画にもとづき絹製品を作る、これまでにない王立のコロニーを1778年から作りはじめることとなりました。このコロニーは北から南への緩やかな傾斜地に建ち、南北に延びる1本の軸線を中心にして計画されています。

まず、最も南側のピアッツァ・デッラ・セータから北に延びる街路沿

庭園の池から望む王宮

ディアナとアクタイオンの噴水

いの地区は「トラットリア区域」と称され、このコロニー内でも最も新しい建物で、フェルディナンドポリスになってから唯一建てられたものです。その北側にコロニーの入口となるアーチ門が開き、門から北へ街路が40メートルほど延び、そこで東西に延びるヴィア・デイ・ジャルディーニ・レアーリと交差しています。この街路沿いの両側に2階建ての住戸が連続してそれぞれ200メートルほどの長さで建てられているのです。住戸は2階建てで、1階の住戸は2部屋、上階の住戸は2から3部屋が連続する間取りで、中庭は付けられていません。上階へは内部に作られた階段で上ります。この住戸にはこの区域で働く労働者の家族が住んでいました。

ここから北へ緩やかな斜路を上っていくと広場を備えたパラッツォ・デル・ベルヴェデーレに達します。その正面に建つのがサン・フェルディナンド・レ教会堂です。教会堂の正面は両側から階段で上る高い基壇の上に2層を突き抜ける大オーダーが付けられ、中央部には三角破風がのる姿を見せています。その立面意匠そのものはこの時代に共通するものです。教会堂の後ろには矩形の中庭を囲んで王の居室、学校、コロニーで重要な役割を担う人びとの住居などが並べられています。王の居室部分の食事室の天井にはバッカスとアリアドネを題材とするフレスコ画が描かれています。その東側には南側に開いたコの字平面の中庭を囲んで絹製品を作り出す工場があります。そうした手工業の工場はさらに東側に一直線状に並ぶ建物へと続いています。工場には養蚕室、糸紡ぎの部屋、染色用の部屋、機織り機の並ぶ部屋などがあります。こうした工場には多くの労働者が働き、リヨンなどのフランスや、ジェノヴァやメッシーナ出身の職人たちも雇用されていました。

この王立コロニーの南北に延びる軸線を生かした配置計画、敷地の高低差に応じてテラスを作り、そこに建物や中庭を配し、そこからの眺望を生かす計画は、バロックから新古典主義時代のイタリアおよびヨーロッパで伝統的に用いられた手法です。

この絹製品を作る王立のコロニーから北西に2キロほど離れたところには農業を中心産業とする集落も作られ、ここはヴァッケリア区域と称されています。この場所はフェルディナンド4世が最初に狩猟小屋を作りはじめた所で、その後にはサンタ・マリア・デッレ・グラツェ教会堂が建てられています。

この王立コロニーの際立つ特徴のひとつが、その組織を動かすための独自の法律を公布し経営していたことにあります。その法律は1789年にコロニーの建築家コッレチーニによって作成されたものですが、その考えは1769年にタヌッチが作成した社会改革についての案に影響を受けたものです。その内容はきわめて多岐にわたります。たとえば、ここで暮らす人は互いに平等であること、結婚の年齢、教育の義務、手間賃の支払いについての取り決め、遺産相続、裁判についてなどです。こうした制度や考え方は19世紀のさまざまな理想都市計画の中に受け継がれていくこととなりました。今でも、この周辺には伝統を引き継いで絹製品を作る企業が活動しています。

ヴァンヴィテッリの水道橋は別名カロリーノの水道橋とも称され、カゼルタの宮殿とサン・レウチョ邸宅群へ水を供給するために建設されたものです。王宮は巨大であり、庭園には大きな池や噴水がありました。さらに、サン・レウチョ地区には工場や住居が作られ、大量の水を必要としたからです。カゼルタの王宮から西に約38キロ離れたモンテ・タブルノのフィッゾの水源より水を運ぶ水路の建設がナポリ王カルロ7世から建築家ルイジ・ヴァンヴィテッリに命じられ、1753年に工事は始まり、1769年に完成しました。この水路の多くの部分は地下水路となっていますが、その中でモンテ・ロンガーノとモンテ・ガルザーノの間のマッダローニ谷に架かる水道橋部分が世界遺産として登録されています。この水道橋部分は凝灰岩の一種であるトゥッフォを積み上げて造られ、その長さは529メートル、3層の連続アーチからなり、その最大高さは55.8メートルにも達します。長い距離にわたって水を運ぶ水路建設の技術、その規模の壮大さ、多層の連続アーチが生みだす美しさは、保存状態の良さもあいまって、まさしくローマ時代の水道橋を想起させ、古代から連綿と西欧において継承されてきた技術を実感することができます。

4．アマルフィ海岸（地図の㉔）

南イタリアのナポリ湾とサレルノ湾を分けるようにしてティレニア海に突き出たソレント半島の南側一体は、切り立った断崖の下に紺碧の海が広がり、断崖の間にはレモンなどの果樹畑が広がる絶景が連なっています。そこには美しい海とその海岸線に沿って人間によって作り出された街並と果樹園や耕作地などの農地、さらに山頂へと続く自然ゆたかな山林や崖地があり、その中には残された自然の植生と野生動物たちが見られます。そしてこの地域にはそれらが一体となって、地中海沿岸都市のひとつとして、地形の特徴に応じた土地利用とすぐれた景観を生みだされているのです。ここには中世的な街の景観と東方文化の影響が醸し出す独特の魅力が生み出され、ルネッサンス時代以降に人びとの関心を引くようになり、グランドツアーの客も訪れることとなり、旅行ガイドにも取り上げられることとなりました。

世界遺産して登録されている区域はおよそ11,231ヘクタールの広さに及び、そこには15の町村が含まれています。すなわち、東から西に向かって、海岸沿いの主要な町としてマイオーリ、ミノーリ、アトラーニ、アマルフィが、少し小さめの町としてエルクレ、チェターラ、プライアーノ、ポジターノが、山沿いの村としてトラモンティ、レヴェッロ、スカーラが、小さな村落であるコンカとフローレの町や村です。

アマルフィが海運国としてピサ、ジェノバ、ヴェネツィアと並び立って、海上貿易で隆盛をきわめたのは9世紀から11世紀にかけてのことです。彼らはティレニア海の貿易をほぼ独占し、イタリアのワインや木

アマルフィの海岸

海岸から見上げるアマルフィの町

山から見下ろすアマルフィの町

ドゥオモ広場

材、果物などの産物を東方世界で売り、逆に東方世界の香辛料やタイル、カーペットなどの産物を西側で売り捌いたのです。そしてまた、海上貿易として栄えていた時期には、航海に関する法律の制定や航海用コンパスの発案などでその後の航海に多大な影響を与えました。

ポジターノには旧石器時代と中石器時代の遺構が見られますが、最初の都市が作られたのは4世紀のルカーニア近くのローマ植民都市であったと考えられます。その後、侵入したゴート族から逃れるために避難して住み着く人びとが増え、要塞化した都市となりました。ベネヴェント公国のシカルド配下の軍によって839年に一時征服されたものの、翌年には彼の死によって独立し、958年に総督（Doge）による統治が行われることとなったのです。海洋貿易で栄えていたのですが、1343年の暴風雨で甚大な被害をうけ、ノルマン、フランス、スペインの支配下に置かれることとなったのです。

アマルフィの街は南側の港から北側に延びる傾斜地にあり、両側の険しい傾斜地の狭隘に作られています。港から北側まで幾段ものテラスに家々が重なるように建ち並んでいますが、大きく3つの区域から成り立っています。まず、港の近くには11世紀頃に作られたアーセナル（造船所）が見えます。これは尖頭アーチによる交差ヴォールト天井を持つ石造の細長い大空間からなる建物で40メートルほどの長さがありますが、現存しているのは当初の長さの半分ほどであるとみられています。その左手に寄った場所に見えるのがフォンダコです。この建物は外国の商人が宿泊する施設を意味し、アラブ・イスラーム都市に一般的に作られていました。

さらにこの地区の中心となるのが、港からの狭い小道（ヴィア・マッテオ・カーメラ）を歩いてすぐに辿り着くドゥオモ広場とドォウモです。ドゥオモ広場は不規則な平面をなしていて、その東側にドゥオモに上る57段からなる大階段が見えます。この階段は1728年に作られたもので、もともとはアラブ式の公共浴場があって、それを回り込むようにしてドゥオモに近づいていたのです。

現在のドゥオモは正面に5つの連続アーチによる玄関廊が見え、その背後にはもともと異なる2つの教会堂が並んで立っています。正面右手のロマネネク様式の教会堂はサンタンドレア教会で、もともと10世紀頃に建設されたのです。内部は18世紀にバロック様式で再建され、正面も19世紀に再建されたものです。その内部は2列の角柱が並ぶことで3廊式をなし、中央の廊の最奥に半円形平面のアプスと祭壇が置かれたバシリカ式平面をなしています。角柱には片蓋柱が付けられ、その間にはアーチが架かり、中央の廊には平天井が張られています。

その右手には「十字架のバシリカ」と称される教会堂が並び、こちらは9世紀に作られたのですが、バロック時代に修復され、さらに20世紀になってから再度修復を受けています。5つの連続アーチからなる玄関廊の北端には鐘塔が立っています。この鐘塔は、18世紀に修復をうけたものの、1180年から現在までその姿を伝えており、2連アーチや3連アーチの窓、最上部の円筒形の壁面に見えるマヨルカ焼の緑色や黄色のタイルによる尖頭アーチを交差させる意匠などに、アラブ・イスラーム世界の影響を読み取ることができます。

「十字架のバシリカ」の北側に開くアーチの開口部を介して北側に繋がっているのが1264年に作られた「天国の回廊」です。矩形平面の庭園にヤシの木が配され、その周囲を回廊が取り囲んでいます。中庭側も回廊側も尖頭アーチをずらして重ねながら連続させる意匠が用いられ、回廊部には交差ヴォールトによる天井が架かり、庭園側の尖頭アーチの上に開けられたアーチ窓からも柔らかな光が差し込んできます。そこには静寂と落ち着きがあり、尖頭アーチが作り出す意匠はアラブ世界の中庭の空間を想起させるものです。

ドゥオモの正面の大階段の脇にはドゥオモ広場とその西側にあるムニチピオ広場とをつなぐトンネル状の道があります。この道は小さな裏道を始まりとするもので、その後にその上に教会や住居などが建て込むよ

ドゥオモ

天国の回廊

うになりました。このムニチピオ広場よりも東側、つまりアマルフィの街の東部でラッタリ丘が海に迫る崖地にも住居が重なるように建てられ、この街の海側の景観を作り出しています。崖地に、海岸線に平行に数本の道や小道を通し、その間にもいくつかの段差のあるテラスが作られ、そのテラスに住居がのっています。住居同士を海側から丘側へつなぐ通路は階段が多くなっています。それぞれの住居も多層となり、海側に向かって窓が開いています。こうして、海から切り立った崖に張り付くように、あるいはあたかも崖を支えているかのように、住戸が少しずつ後ろにずれながら幾層にも重なって建ち並ぶ海辺の景観が生み出されているのです。

同じような海辺の街並と景観はアマルフィの街の西端部分でも見ることができます。海沿いには隣町へ通じる幹線道路が走り、その上に4から5段の高さの異なる位置に大小の街路と住居が崖地に張り付くように作られているのです。街路の一部はアーチで覆われ、その上に住居が建っているところもあります。また複数の段差の異なる街路や住居を結ぶのはすべて階段で、その一部は崖に掘り込むように作られています。このように、アマルフィの海辺は港と海水浴客で溢れる砂浜の東西に切り立った崖地があり、その地形的特徴に調和した形で住居が幾層にも重なるように立体的に配置され独特の街並を作りだしているのです。

次の区域はドゥオモ広場の北側に延びるヴィア・デル・ドゥオモ、ヴィア・ジェノヴァ、ヴィア・カプアノと連続する街路沿いに建物が密集した場所です。ここは谷間の地形に合わせて出来上がった上記3つの街路の両側に、1階には商店、2階以上には住戸が納められた3～4階建ての建物が密集して連続で並び、その街路空間はまさしくイスラーム都市のスークそのものです。もともと川が流れていた所を13世紀に埋めることで街路が作られ、幅員が4～7メートルで、緩やかに傾斜し、その両側には古いものでは12～13世紀建設の住居や13世紀建設のアラブ式浴場も残されています。これらの建物は概して1階部分が古く、しばしば中世のヴォールト天井が残されていて、上階ほど新しく増築されたものとなっています。また、1階と2階の間には中2階が設けられている場合も見られ、倉庫として利用されています。

この主要街路沿いに開く店舗の出入り口の間に紛れるようにして脇道や階段が口を開けています。これらは主要街路沿いの建物の背後に作られた住居へのアプローチに使われるもので、傾斜地の地形に合わせながら立てられた住戸を繋いでおり、すでに述べたようにイスラーム都市のスークと共通するような街路空間と迷路性を持っています。脇道や階段は部分的には崖地に掘り込まれたり、住居の下をくぐったりして繋げられています。

ドゥオモ広場から北に延びる主要な街路沿いの街並みの背後で、東西の尾根の斜面にも街区が形づくられています。西側が東側に較べその傾斜が若干きつい傾向にありますが、いずれも傾斜地に対応した独特の街並を作り出しています。それぞれの住居はテラスの上に作られ、交差ヴォールトによる天井が作られ、その上に上階がのせられています。各住戸は細い小道と階段で迷路のように繋がれ、所々にはコルティーレと称される小さな共有の中庭が配置されています。

こうしたドォオモや「天国の回廊」の意匠に見えるアラブ・シチリアの建築からの影響、街路や階段、小さな広場などが作り出す街路空間に見えるスークと通じる特徴といったものに、アマルフィが海運国家として隆盛をきわめていた時期の東方からの文化の影響を、はっきりと見ることができます。

斜面をさらに上に方に行くと、石を空積みした段々畑が作られ、そこにはレモン、ブドウなどの果樹が植えられたり、野菜が植えられたりしています。さらにその上の尾根の上には中世期の城壁と塔の一部が残され、その背後には高い山々が連なり、地域特有の植生と動物からなる手つかずの自然が残されています。

5．パエストゥムとヴェリアの古代遺跡およびパドゥーラのサン・ロレンツォ修道院を含むチレント・ディアーノ渓谷国立公園

（地図の❸⓪）

チレントはカンパーニア州南部のティレニア海に面する半島状の地域で、イタリア半島の「すね」の根元のあたりに相当します。チレントの沿岸には、古代ギリシア人がふたつの植民都市パエストゥム（ギリシア名ポセイドニア）とヴェリア（同エレア）を築き、豊かな文化を育みました。山の多いチレントの東には、南北に延びるタナグロ川に沿ってヴァッロ・ディ・ディアーノ（ディアーノの谷）が広がっています。ヴァッロ・ディ・ディアーノは谷幅が広いため、谷というよりむしろ広々とした盆地のような地域です。この谷の町パドゥーラに、14世紀初頭に建設された壮大なサン・ロレンツォ修道院があります。以上のパエストゥムとヴェリアの古代遺跡、そしてサン・ロレンツォ修道院が位置している「チレント・ディアーノ渓谷国立公園」が、1998年、世界遺産として登録されました。

パエストゥム

ギリシア神殿を見たいと思ったら、どこに行くでしょうか。おすすめは、ギリシアではなく、南イタリアです。なぜなら、シチリアとイタリア半島南部は、かつてマグナ・グラエキアと呼ばれたギリシア世界で、保存状態の良いギリシア神殿がギリシア本土よりもたくさん残っているからです。その中でもパエストゥムは、すばらしいギリシア神殿が見られる遺跡としては最も北に位置しているため（ナポリから南に約100キロ）アクセスも容易です。

パエストゥムは前600年頃、チレント地方の北端の沿岸にシュバリス人が植民した町です。シュバリスはイタリア半島の「土踏まず」にあるギリシア人の都市で、新しい町はポセイドニアと名づけられました。現在の遺跡の名称パエストゥムは、前3世紀前半にローマの植民都市に

アテナ神殿

プールのある神域

なったあとの名前です。

町は約5キロメートルの長さの城壁で囲まれ、東西南北に4つの門があります。現在、町は南北に走る現代の道路によって2つに分断されており、主な発掘エリアは（町の約3分の1が発掘されている）道路の西に沿って広がっています。遺跡の入口は、ほぼ歩行者天国になっているこの道の途中にあります。鉄道の無人駅パエストゥムは、東のシレーナ門を出てすぐのところにあります。門はヴォールトで覆われ、外側の要石にスフィンクスが彫られていますが、最初セイレン（シレーナ）と解釈されたため、シレーナ門と名づけられました。門をくぐってまっすぐ西に進むと上述の遺跡を貫く道に突き当たり、そこを右へ折れると入口にたどり着きます。では遺跡に入りましょう。

アテナ神殿　入口の並木を抜けると、真っ先にギリシア神殿が目に飛び込んできます。ギリシア神殿を見るとき、この斜めのアングルは理想的です。周りを取り囲む円柱がよく見えるからです。柱は前に6本、側面に13本ならび、ギリシア神殿の典型的な比率になっています。神殿はドーリス式で（円柱の上に載る皿のような石と四角い扁平の石が特徴）、内部には神室と前柱廊が設けられていました。建設年代は前500年頃で、遺跡にある3つの有名な神殿の中では2番目の建設です。かつて神殿はローマの豊穣の女神ケレスの名で親しまれていましたが、出土した奉納品からギリシアの女神アテナに捧げられたことがわかっています。

アゴラ　アテナ神殿の南側には、ギリシア時代の中央広場アゴラがあります。町は東西と南北に走る道によって碁盤の目のように区画整理されていますが、町のほぼ中央に位置する一辺300メートルの正方形の区画が、ギリシアのアゴラに相当します。現在発掘されているのは、アゴラの西半分です。アゴラは前3世紀にローマ人が植民して以降、大きな変貌を遂げました。広場の北側は居住区域に姿を変え、南側は公共建築が立ち並ぶエリアとなりました。そしてアゴラの南端にフォロ（ローマ時代の中央広場）が設けられました。

英雄廟　アゴラの西端から30メートルほど内側に、ローマ時代に敷設された石畳の道が南北に延びています。この道を北端から南下しましょう。するとまもなく左手に、地面を直に覆っている切り妻屋根が現れます。この屋根の下には四角い穴が掘られていて、穴の断面は石積みの壁で固められています。しかし、穴の入口はありません。さらに屋根はもともと盛り土で覆われていました。この遺構から黒像式の陶器（黒色で人物が表されたギリシアの壺絵）が出土したので、前6世紀末に建設されたことがわかります。では、目的は何でしょうか。いくつかの説がありますが、この遺構は町の創建者に捧げられた記念碑で、英雄化された創建者を葬るいわば「空の墓」だと考えられます。アゴラにふさわしい、公的なモニュメントです。

プールのある神域　石畳の道をさらに南に下り、道なりに150メートルほど進むと、切石で囲まれた長方形の大きな窪地が左手に見えてきます。これは「プールのある神域」と呼ばれる遺構で、名前の通り50メートルプールに形も大きさも似ています。プールの北東角には地上に上がるスロープが設けられ、反対の西側には建物の基礎のような切石の構造物があります。この複合的な遺構は、フォルトゥーナ・ウィリリス（美の女神ウェヌスの属性のひとつ）の神域であると考えられています。神域が建設されたのは町がローマ化された後で、アゴラ改造の一端を物語っています。

フォロ　プールの西側の道を南に少したどると、柱頭を戴く円柱が1本、目の前にあらわれます。この円柱が立っている場所が、ローマ時代のフォロ（中央広場）の入口です。発掘された広場の大きさは57×150メートルで、東側部分は現代の道路の下に埋まったままです。前3世紀にフォロが整備されたとき、広場の周りには、方形のプランを持つたくさんの店が軒を連ねていました。そしてアウグストゥス時代に、広場はみごとな列柱廊で取り囲まれました。その名残が、現在、広場の長方形の輪郭に沿って置かれている数々の円柱のドラムです。

平和の神殿　フォロの北端に沿って進むと、広場に向かって張り出している階段があります。これは、前100年頃に建設された「平和の神殿」の階段です。高い基壇は、神殿がイタリキ（イタリア半島の先住民族）の様式であることを示しています。神殿が、ギリシア神殿のように東西ではなく、南北方向に建てられているのも特徴です。現在、基壇以外はほとんど失われてしまいましたが、前面と側面にコリントス式の柱が立ち、その上にドーリス式のフリーズが載っていたことがわかっています。フリーズを飾っていたメトープの浮彫は、博物館で見ることができます。かつて、この神殿はユピテル、ユノ、ミネルウァに捧げられたカピトリウムと考えられていましたが、現在では、ボナ・メンス（解放奴隷の主人に対する感謝の気持ちを司る神）に捧げられたと解釈されています。

円形劇場　「平和の神殿」からフォロ沿いに東へ進み、左手に現れる石畳の道を北に進むと、右前方に円形劇場の高い壁が見えてきます。大きな石灰岩の石積みの壁は前1世紀の創建時のもので、壁の外側に並ぶ煉瓦の角柱は1世紀の拡張工事で建てられました。劇場の入口は楕円形の長軸上の西端に位置し、ヴォールトで覆われています。中に入ると、劇場の西半分だけが発掘されていることがわかります。町を南北に貫く現代の道路は、ちょうど円形劇場の真ん中を通り抜けているため、道の東側に相当する劇場の東半分は（道路の建設で一部破壊された）土の中で眠っています。

集会場　ふたたびアテナ神殿の方へ北上し、劇場の真北約100メートルのところにある集会場を訪れましょう。この遺構は岩場を円形の階段状に彫り込んだギリシア時代のエクレシアステリオン（集会場）で、市民権を持つ人びとが集まりました。似た構造の集会場はメタポントゥム（半島の土踏まずのあたり）やシチリアのアグリジェントにもあります。建設されたのは前5世紀の前半で、しばらくの間、集会場としての機能を果たしていましたが、ローマ時代になると集会場は埋められて（犠牲

フォロ

円形劇場

集会場

聖道から見るポセイドン神殿

に捧げた牛の骨などが捨てられていた）その上に新たな神域が設けられました。現在、階段席の上に残る石の構造物は、ローマ時代の神域の遺構です。

居住区　　集会場から、フォロの南西角まで戻りましょう。ここは、町の東西と南北の大通りの交差点です。ただし、ここから東に延びていた道はフォロの南の列柱によってふさがれ、北に延びる道もローマ時代の建物で覆われてしまいました。一方、西と南の方向には、石畳の道がよく残っています。交差点を西に向かうと、道の左側全体に広大な居住区画が設けられています。居住区の南北の幅は 300 メートルもあります。これは、区画を仕切る 2 本の東西の大通りの間隔に相当しています。そして、東西の通りに直交する南北の道が 35 メートル間隔で走り、300 × 35 メートルの区画が連なる大規模な居住区域が構成されているのです。このような町の整然とした区画整理は、前 6 世紀のギリシア人の時代までさかのぼります。

聖　道　　四つ辻まで戻り、そこから南に進みましょう。南端の城壁に向かってまっすぐに延びるこの道は「聖道」の名で知られていますが、正式な名称ではありません。道の左側に広がるのはギリシアの女神ヘラの神域で、堂々たる姿の 2 つの神殿が、徐々に目の前に迫ってきます。最初に、奥の神殿を訪ねましょう。

バジリカ　　町の 3 つのドーリス式の神殿の中で最も古いのが、前 540 ～ 530 年頃建設されたこの「バジリカ」と呼ばれる神殿です。「バジリカ」は通称で、神殿はヘラに捧げられました。神殿には前面に 9 本、側面に 18 本の柱が立っています。前面に奇数本の柱を設けるのはもっと古い時代の特徴なので、この神殿の前面の柱が 9 本であるのは、何らかの宗教的な原因があるのでしょう。構造的には、神室が中央を縦に走る列柱によって 2 分割されているので、その軸線上に前面の柱を合わせた結果、柱の数が奇数になったと考えられます。円柱はエンタシスがかなり強調されています。つまり、中央から上部にかけて急に先細りしています。そのため、柱頭の幅広のエキノス（お皿のような形の石）がひときわ目立ちます。柱に戴かれたフリーズはほとんどが失われてしまいましたが、屋根を飾っていた彩色テラコッタは一部現存しています。プロナオス（前室）には３本の柱が立ち、一方、ナオス（神室）の後方の部屋アデュトンには入口がないので、神殿の宝物が保管されていたのでしょう。

ポセイドン神殿　「バジリカ」の北側に並び建っているのは、３つの神殿の中で最大の「ポセイドン神殿」です。この通称は、ギリシアの町ポセイドニアの名祖である海神ポセイドンに因んでいます。その後、「バジリカ」と同じくヘラに捧げられたとみなされたため、「ヘラ第二神殿」と呼ばれるようになりましたが、現在では、ゼウスかアポロンの神殿であると解釈されています。この神殿は保存状態が大変に良好で、ドーリス式ギリシア神殿の古の姿を今日に伝える、きわめて貴重な神殿です。

前５世紀の第２四半期に建設された「ポセイドン神殿」は６×14本の周柱式で、柱には24本の縦溝が彫られています。エンタシスが控えめでずんぐりした柱と、その上に載る分厚いアーキトレーブ（梁）が、神殿に安定感をもたらしています。アーキトレーブ上のフリーズは、トリグリフ（縦溝のある石板）とメトープ（装飾石板）が交互に並んでいますが、メトープには装飾が施されていませんでした。内部のプロナオスの入口は、両側の壁の間に２本の円柱が立ち、間口が３等分されています。ナオスの後ろのオピストドモス（後室）も、プロナオスと同じ構造です。ナオスは２つの列柱で３分割され、この列柱が屋根を支えていました。列柱は２段に積み重なっているため、内部空間に壮麗さを与えています。

ふたたび正面から神殿を眺めて、興味深い特徴を確認しましょう。柱を支える床面は完全に水平ではなく、中央の部分がわずかに高くなるように湾曲しています。これは、水平線が人間の目にはくぼんで見えるため、それを補正するためのギリシア人建築家の工夫です。このように、

パエストゥム国立考古学博物館

「飛び込む男の墓」の石棺に描かれた絵

視覚的・光学的な補正が神殿建築に取り入れられるのは、マグナ・グラエキアでは大変に珍しいことです。

パエストゥム国立考古学博物館　おもな遺構を見終わったら、最後に、遺跡の向かいにある国立考古学博物館を訪れましょう。元来この博物館は、パエストゥムの北を流れるセーレ川の河口に築かれたヘラの神域の出土品を展示するために作られました。神域では、前6世紀前半のアルカイック時代の建物を飾っていた数多くの浮彫のメトープが発見されています。博物館の最初の部屋に展示されているそれらのメトープのうち、右手の壁に置かれている3つのメトープを見てみましょう。ひとつ目は、トロイ戦争の一場面を表した「アイアースの自殺」で、人物のシルエットのみが浮き彫りされ、細部は彩色で表現されていましたが、今は完全に色あせてシルエットだけが残っています。2つ目は、巨大な岩を押し上げる苦行を永遠に繰り返す「シシュポスの岩」、そして3つ目は「巨人と戦うヘラクレス」です。この2つの作品は細部まで浮彫で表現され、神話物語を形で伝えようとするアルカイック時代の職人の熱意が伝わってきます。

ヘラの神域のほか、町の墓地の出土品が博物館のコレクションに加わっています。中でも見逃せないのは、「飛び込む男の墓」の石棺に描かれていた絵画です。底を除く石棺の内側全体に絵が描かれていますが、ふたの裏には高い台から男が水の中に飛び込んでいる場面が表されています。墓の名の由来となったこの飛び込む男の情景は、生から死への旅立ちを暗示しているのでしょう。前470年頃制作されたこの絵は、ほとんどが失われてしまったギリシア絵画の希有な例証です。彫刻と建築で知られるギリシア美術にとってかけがえのない絵画が、このパエストゥムでもたらされたのです。

ヴェリア

「アキレスと亀」の話は誰しも耳にしたことがあるでしょう。このパラドックスで知られるギリシア人哲学者ゼノンが暮らしたのが、ヴェリアの町です。ギリシア時代、町はエレアと呼ばれていました。エレアは、小アジア（現トルコ）のエーゲ海沿岸の都市ポカイアのギリシア人が前540年頃建設した植民都市です。のちに町がローマに征服されると、ヴェリアと呼ばれるようになりました。ヴェリアはパエストゥムの南約60キロ、チレント中部のティレニア海沿いにあります。町は海岸から500メートルほど離れた丘に広がっていますが、古代には海岸線がもっと内陸に位置していたため、丘は岬の一部でした。ヴェリアの遺跡は、鉄道駅アシェアから2.5キロ北の鉄道沿いにあります。遺跡に入ると、北側に中世の塔がそびえ立っている丘が見えますが、これが古代のアクロポリスです。さっそくこの丘に登って、まずはアクロポリスを訪れてみましょう。

アクロポリス　塔のテラスに上がると、町全体の地理がよくわかります。古代人の見た山裾は、波に洗われていたことでしょう。町はアクロポリスの北と南の2カ所に分かれ、それぞれが城壁で囲まれていました。城壁は尾根上でひとつになって、アクロポリスの方に延びています。南北の市街地をつなぐ道の峠に、ヴェリアのシンボルともいえる門、ポルタ・ローザがあります。しかし前2世紀、通りが山の崩壊で埋まって交通が遮断されたため、北の街はうち捨てられてしまいました。

神殿・劇場・住居跡　アクロポリスの頂上には神殿が建っていましたが、中世に塔が建設された際にほとんどが破壊されたため（方形のテラスの一部が残っています）、詳しいことは不明です。わずかな遺物から、神殿がイオニア式だったことがわかっています。塔の裏手に建つ石積みの礼拝堂には、遺跡の出土品が収蔵されています。その中の石碑のひとつに、プラトンの対話編でも知られるエレア出身の哲学者パルメニデスの名が刻まれています。

さらに尾根づたいに進むと、右手に前3世紀に作られた劇場が現れます。オルケストラ（中央の舞台）を取り囲む半円形の客席は、尾根の直下の斜面を利用して設けられています。

劇場の下方には、町の植民時代にさかのぼる最も古い居住地があります。それぞれの住居はひとつの部屋で構成され、多角形の砂岩を積み上げた壁で囲まれています。これは母市の小アジアの建築技法です。居住区域は斜面に築かれた段々のテラス上に広がっています。前 5 世紀になると、頂上の神殿のテラスを支える壁が居住区を横切るように作られたため、住居は使われなくなりました。

南の市街地　ここで再び遺跡の入口に戻り、南の市街地からポルタ・ローザの方へ登っていきましょう。入口から塔を背にして遺跡の柵沿いの道を進んでいくと、道が直角に左に折れます。そこから 100 メートルほどまっすぐ行くと、前 4 世紀に建設された町の南門ポルタ・マリーナにたどり着きます。門の左右には、四角い切石で築かれた城壁が延びています。

門を入り、まっすぐ延々と続く右側の壁に沿って突き当たりまで進み、そこを左に折れて石畳の道を行くと、左手に浴場があります。フリギダリウム（冷温浴室）には、海の動物を表した白黒モザイクが床一面に広がっています。別の浴室では、壁暖房の施設（熱風を通す筒が壁ぎわに埋め込まれている）を見ることができます。

アゴラ　石畳の道をさらに登っていくと、右側に方形プランの遺構が現れます。20 世紀半ばに発掘されたとき、アゴラと解釈されました。遺構の左右と奥の 3 辺は斜面を削って形作られ、断面を石積みの壁で支えています。その壁を背にするように数多くの部屋が構成され、部屋の前には列柱廊がありました。さらに奥にはヘレニズム時代の浴場が発見されています。前 3 世紀にさかのぼるこの遺構は、裏手の浴場も含め、医神アスクレピオスに捧げられた神域であると考えられています。医学で名高いヴェリアにとって、アスクレピオスはきわめて重要な神でした。

ポルタ・ローザ　坂道を登り切ると、砂岩のアーチが待ち受けています。ポルタ・ローザです。石積みの門は両側の崖に寄りかかっているの

ヴェリアのアクロポリス

ギリシアの劇場と中世の塔

ポルタ・ローザ

パドゥーラの修道院

で、左右の丘をつなぐ橋の役割も兼ねています。アーチは高さ7.5メートル、奥行き6メートルで、まるで短いトンネルのようです。アーチの壁の石の積み方には、おもしろい特徴があります。直方体の切石には長方形の面と正方形の面がありますが、それぞれの面が交互に現れるように石が積まれているのです。門の建設年代は長い間議論の的でしたが、現在では発掘当初に出されていた前4世紀半ばという説が受け入れられています。この年代はとても重要な意味を持っています。なぜなら、ローマ人の専売特許とみなされるアーチを、ギリシア人がすでに用いていたという証拠となるからです。ポルタ・ローザは南イタリアでアーチを用いた唯一のギリシア建築で、だからこそ、ヴェリアのシンボルでもあるのです。

パドゥーラの修道院

ディアーノの谷は、イタリアの中部と南部を結ぶ交通の要所です。1535年、北アフリカのチュニスに遠征した神聖ローマ皇帝カール5世は、レッジョ（半島のつま先）からナポリへの凱旋の帰途、パドゥーラの修道院に滞在しました。修道士たちはその際、皇帝と従者の一行に1000個の卵で作ったオムレツを振る舞ったそうです。これは修道院がいかに裕福で、また巡礼者や外国人に対していかに気前が良かったかを示すエピソードです。

パドゥーラはディアーノの谷に面する丘の町で、その丘の裾野にサン・ロレンツォに捧げられた修道院があります。5ヘクタール以上の広さを持つ修道院は南イタリア最大の建築物のひとつで、1306年、トンマーゾ・サンセヴェリーノによって創建されました。建設はその後19世紀まで続きますが、修道院で際立つのは、バロック様式の建築と装飾です。

アトリウム・内部の教会・回廊　入口は敷地の南側にあり、門をくぐるとアトリウム（玄関ホール）の中に入ります。左右両側の建物の1階は家畜小屋や薬屋、2階は巡礼者の部屋として利用されていました。正面

郵便はがき

料金受取人払郵便

麹町支店承認

8827

差出有効期限
平成26年8月
24日まで

102-8790

104

東京都千代田区飯田橋4-4-8
東京中央ビル406

株式会社 同成社

読者カード係 行

ご購読ありがとうございます。このハガキをお送りくださった方には今後小社の出版案内を差し上げます。また、出版案内の送付を希望されない場合は右記□欄にチェックを入れてご返送ください。 □

お名前《ふりがな》　　歳　　男・女

〒　　TEL

ご住所

ご職業

お読みになっている新聞・雑誌名

〔新聞名〕　　〔雑誌名〕

お買上げ書店名

〔市町村〕　　〔書店名〕

愛読者カード

お買上の
タイトル

本書の出版を何でお知りになりましたか？

イ. 書店で　ロ. 新聞・雑誌の広告で（誌名　）
ハ. 人に勧められて　ニ. 書評・紹介記事をみて（誌名　）
ホ. その他（　）

この本についてのご感想・ご意見をお書き下さい。

注文書

年　月　日

書　名	税込価格	冊　数

★お支払いは代金引き替えの着払いでお願いいたします。また、注文書籍の合計金額（税込価格）が10,000円未満のときは荷造送料として380円をご負担いただき、10,000円を越える場合は無料です。

の2階建てのファサードは1718年に建設されたバロック様式で、ニッチにはサン・ロレンツォをはじめとする4人の聖人の彫像が飾られています。

ファサード中央にあるアーチの入口から建物に入ると、まず16世紀の小さな回廊があり、その右奥に教会があります。教会の扉のひとつは1374年にさかのぼり、サン・ロレンツォの生涯を表した浅浮彫が施されています。内陣の祈祷席の背もたれは、16世紀初頭のすばらしい嵌木細工で装飾されています。後方の聖具室に置かれたマジョリカ焼きの祭壇とクルミ材の調度は、17世紀後半の擬古典的な趣味を反映しています。

教会の北側の回廊は16世紀半ばの墓地を改築したもので、角の礼拝堂には創設者サンセヴェリーノの墓があります。回廊の西隣の食堂では、大きな煙突のついたかまどが目を引きます。そして食堂脇の回廊を抜けると、大回廊の南西角に通じる廊下に出ます。

大回廊　1690年に建設された広大な回廊は、緑鮮やかな中庭を長方形に囲む84の連続アーチによって構成されています。アーチに支えられた2階も通廊になっていて、それぞれのアーチの真上に設けられた窓から差し込む光が、廊下を散歩する修道士たちを明るく照らしていたことでしょう。アーチと窓の間に走るフリーズを飾っているのは、聖人や天使を表した浮彫です。

中庭から東を向くと、回廊越しに白く輝くパドゥーラの町が見えます。中庭の南側には大理石の欄干で囲まれた場所がありますが、これは修道士の墓地です。修道士たちが暮らしていたのは回廊の周りに並ぶ住居で、それぞれ複数の小部屋と噴水付の小さな中庭がありました。入口の脇には、食事を出し入れする小窓と、明かりを手渡す小さな穴が設けられています。

回廊の2階に通じる階段は、回廊の北西角の外に建つ八角形の塔の中にあります。塔の内部は改築され、エレガントな楕円形の階段に生まれ変わりました。

ナポレオン軍が侵攻したとき、修道院はフランス政府によって一時閉鎖されました。このとき修道院は、2万人のフランス人兵士たちの兵営となったのです。その後ふたたび修道士たちが戻ってきたものの、1866年、修道院は廃院となりました。そして20世紀の2度の大戦の際には、修道院は強制収容所として利用されました。サン・ロレンツォ修道院の壮大な空間は、瞑想の場だけでなく、さまざまな歴史の舞台でもあったのです。

6. マテーラの岩窟住居と岩窟教会公園（地図の❽）

長靴型のイタリア半島の踵のあたりにあって、ターラントから西に90キロメートルほど内陸に入った場所に自然環境と集落が一体化した魅力的な街区を持つマテーラ市があります。マテーラ市はイタリアのバシリカータ州マテーラ県の県庁所在地で、海抜400メートルほどの高さにあります。そのほぼ中央部のグラヴィナ渓谷に面する一帯の通称「サッシ（サッソの複数形で岩窟住居を意味する）」とそこにある「岩窟教会およびその周辺の公園」区域およそ1000ヘクタールが世界遺産に登録されているのです。グラヴィナ渓谷の対岸側から眺める景観は、崖地に何段も積み重なるように配置された岩窟住居と、所々に突出して見える教会やその鐘楼が岩盤と一体となって融合した姿を見せています。それぞれの住居の出入り口や窓などの開口部は岩盤に開けられた穴のように無数に見え、夜にはそこに灯がともり、過去数千年にわたって人間が自然の中の一部として生活してきたことを思い起こさせてくれます。

この区域は大きく3つの部分に分かれます。ほぼ中央部でグラヴィナ渓谷に面する部分は最も高い場所にあって「チヴィタ地区」と称されています。この地区は要塞化されていて、その外側に工房や食物倉庫が置かれています。この「チヴィタ地区」の北側部分は「サッソ・バリザー

マテーラの谷と岩窟住居

岩窟住居の入り口

ノ地区」、南側部分は「サッソ・カヴァエオーゾ地区」と称され、低い位置にあります。「チヴィタ地区」と南北２つの「サッソ」地区は細い小道と階段で繋がっています。

「サッソ・バリザーノ地区」と「サッソ・カヴァエオーゾ地区」はともに自然の窪地を利用したもので、数多くの岩窟住居が作られています。窪地であったところの岩盤は、地元でトゥッフォと称される石灰質の岩です。住居はこの岩盤をくり抜いて、あるいは一部はくり抜いた岩を石材として使って作られています。街路は自然発生的に作られ、なんらかの計画性をもって通されているわけではありません。岩盤や崖地をくり抜きながら住居が作られていましたが、人口が増えていくと、窪地の崖に沿ってしだいに段々に積み重なるように住戸が建て込まれて行きました。住居は部分的に２階建てとなり、住居の一部には外階段を通じて入ることができるようになるとともに、それぞれの住居の屋根部分は他の住居へ達するための通路の役割を果たすようになりました。したがって、少し高台から眺めると自然の岩盤とそこに並んだ住居が渾然一体となって、源初的な人間の集まり住む状況をあらためて感じさせてくれる風景を見せてくれます。

それぞれの住居は岩盤に一部掘り込まれたり、街路に面する側などの一部が石材を積んで作られたりしていますが、数部屋からなり、それほど大きくはありません。部屋の平面は必ずしも整然とした矩形をなしているとは限らず、それぞれの部屋の天井の高さも揃っているわけではありません。またひとつの住居の中で部屋の床の高さがすべて揃っているわけでもありません。くり抜かれて作られた部屋の中には、その後ヴォールト天井が作られた事例も見られます。さらに、室内と外をつなげる役割で、下に位置する家の屋上が上の階の住居のテラスとして使われる例がしばしば見られ、そのテラスにルネッサンス時代以降には庭園が作られることも見受けられるようになりました。このようにもともとの地形や岩盤をくり抜きながら住居を作り、しだいに多層化しながら周囲の崖地の風景と一体化しつつ絶えず変化しながら街が作られ続けてきたのです。

こうした住居はちょっとしたオープンスペースの周りに、十数戸の住戸がひとまとまりになる程度ごとにグループをなして配置されることが多く見られます。そのようなオープンスペースもしくは広場の地下には、貯水槽がしばしば置かれていました。現在見られる排水の方法はそれぞれの屋根の上に排水路が作られ、そこを流れる水が集まってこのオープンスペースの地下に作られた貯水槽に集まるようになっています。なぜなら、このサッシ地区では窪地に住居が密集していますから、雨水の排水はきわめて大切な問題でした。地下の貯水槽が水で溢れるのを防ぐために、こうした地下の貯水槽同士はそれぞれの家の地下を通る水路で繋がっていて、その水路を通じて予定を超えた水は別の貯水槽へ流れるようになっています。

こうした方法は1900年代の初め頃に整えられたもので、それ以前の方法はまだよくわかっていません。近年、工事の際などに地下の貯水槽の一部が確認されたりしていますが、それらがいつ頃から部分的に整えられてきたのか、今後さらに明らかにされることでしょう。しかし、こうした排水の方法が簡素な水路と地下の貯水槽によって行われることで、街全体の景観は近代的な配水管などに壊されることなく、街が成り立った当初からの姿を見せてくれています。

この地に人類が居住するようになったのは、考古学的な資料から旧石器時代からとみられています。青銅器時代のものとみられる貯水槽や墓も見つかっており、かなり古い時代から継続して人びとが住んでいたようです。森林の伐採によって深刻な浸食が起きることになったとみられ、住居は窪地に、崖の上の台地は農業や牧畜に使われることとなりました。「チヴィタ地区」にはギリシア人による都市が作られ、ギリシア・ローマ時代を通じて住み続けられました。7世紀になるとランゴバルト族の支配下に置かれ、8世紀頃よりベネディクト派やビザンティンの修

グラヴィナ渓谷上の町

チヴィタ地区

岩窟教会

岩窟教会の内部

道会の人びとがここに理想の都市を夢見て住み着くようになりました。11 世紀になってノルマン人の、その後アラゴン家の支配するところとなり、そこでトラマンターノ伯爵に割譲されました。しかし、民衆の蜂起で伯爵は 16 世紀初めに殺害され、17 世紀以降スペイン王家の支配の及ぶ地となり、バシリカータの州都として存続しました。このように長い年月にわたって岩窟住居に人びとが住み続けたのですが、19 世紀になって衛生状態の悪さ、州都の移転などによってサッシ地域は荒廃することとなったのです。しかし 1945 年にカルロ・レーヴィが彼の著書でこの地を取り上げたことから時の政府が関心を持つこととなり、1952 年に制定された法律によって、サッシ住民の移転を伴う新しい住区建設が進められ、さらに 1986 年制定の法律でサッシ区域の再生事業が始まることとなって現在にいたっています。

次にマテーラ市でまず取り上げるべき教会堂はヴィア・ドゥオモ通りが突き当たる位置にあるドゥオモでしょう。この教会堂は「チヴィタ地区」にあって 2 つのサッシ、すなわち、サッシ・バリザーノ地区とサッシ・カバァエオーゾ地区を分岐させるような高台の位置に東向きに建てられています。この教会堂正面前の広場からはサッシ・バリザーノ地区の窪地と崖地に掘り込まれた岩窟住居とその向こう側の高台に広がる新市街地を一望することができます。

ドゥオモは 13 世紀に切り石材を使って建てられたロマネスク教会堂で、およそ 52 メートルの高さの鐘楼を備え、堂内には 13 世紀のフレスコ画が残されています。連続アーチを載せた円柱の列で中央に身廊、その両側に側廊を配置したラテン十字形をなすバシリカ式平面で、その平面形式が正面の構成にそのまま表現されています。正面の軒の下には小さなアーチが連続して続くいわゆるロンバルディア帯の装飾が見られ、中央の出入り口の上には大きな円形の窓が付けられています。

また、サッソ・カヴァエオーゾ地区を代表する教会堂としてサンティ・ピエトロ・エ・パオロ教会堂があげられます。その創建は 1218

年まで遡りますが、現存している建物は17世紀に建て替えられたものです。正面はバロック様式をなし、左手には鐘楼が見えます。内部は3廊式のバシリカ式平面で、中央の廊の奥には祭壇が置かれています。内部は柱とその上にのるアーチ、そして扁平な天井からなり、いずれも岩盤から掘り出すことによって作られています。

ドゥオモのように地上に建設されたのではなく、崖地に穴を穿って作り出された岩窟教会が、サッシ地区を中心にグラヴィナ渓谷沿いにも作られ、現在では大小含めて150ほどが確認されています。初期の頃の代表例として、サッシ・カヴァエオーゾ地区のグラヴィナ渓谷沿いにあるサンタ・ルチア・アッレ・マルヴェ教会があげられます。これは8世紀に遡るベネディクト派女子修道会によるもので、他の岩窟教会と並んで出入り口が作られています。簡素な入口を入ると左右に立つ角柱によって3廊に分かれ、中央廊の奥に壁籠が掘られ、バシリカ式平面の教会堂をなしています。入口の左手の側廊の側壁には8つのアーチを形どった壁籠が並び、その一部にはフレスコ画が残されています。また、右側廊の壁には聖母戴冠のフレスコ画を見ることができます。

そこからほんの少し北東に寄ったところの急な階段を上っていくとサンタ・マリア・デ・イドリス教会に辿り着きます。正面は石材を積んで作られ、正面右側には小さな鐘楼が見えます。入口を入ると崖地をくり抜いて内部空間が作られており、ホール状の一部屋からなり、やや不規則な平面をなしています。内部の壁にはフレスコ画が残され、この教会は14～15世紀に作られたとみられています。この教会は地下道と通じてサン・ジョバンニ・イン・モンテッローネの岩窟クリプトと繋がっており、そこには12世紀から17世紀にかけての多くのフレスコ画が描かれ、とりわけビザンティンの聖画像が多く見られます。

小さな岩窟教会が連続して並ぶようすを見せてくれるのがサン・アントーニオ・コンヴィチーニオ教会付近です。ここでは4つの小さな教会が連続して不規則な向きに崖地に並んでおり、12～13世紀に建設されたものです。それぞれの教会はテンペ・カドゥーテ、サンテリージオ、サン・ドナート、サンアントニオ・アバーテの名称が与えられています。内部は四角形平面に近いものの整然としたものではなく、角柱を2本、あるいは4本備えているものもあり、柱と柱はアーチで繋がれています。内部の壁面にはフレスコ画が残され、建設年代がはっきりしているサン・アントーニオ・アバーテの場合は15世紀と見られています。

グラヴィナ渓谷沿いに北側に上っていくと、チヴィタ地区の北の端にサン・ニコラ・デル・グレチとマドンナ・デッラ・ヴィルトゥの教会が見えてきます。前者は10世紀頃の修道会が住みはじめた頃にさかのぼるとみられ、その内部には12世紀から15世紀にかけてのフレスコ画が修復された姿を見せています。後者は前者の上に位置し、正面や側面の一部は切り石材で作られています。これは1000年頃にさかのぼる大きな修道会建築の一部をなすもので、バシリカ式平面をなしています。その平面は整然とした矩形をなしているわけではありませんが、2本の角柱が2列並ぶことで、中央の廊と両側の廊の3廊に分けられています。中央の廊の突き当たりには半円形平面のアプスがあり、そこにはキリストの磔刑のフレスコ画が残されています。

第5章　ヴェネツィアとその潟

(地図の❺)

1. ヴェネツィアの歴史

別機軸ノ景象ヲナセル、一奇郷ナリ

ヴェネツィアについての日本語の最も優れた文章あるいは案内は、ヴェネツィアについて日本人が初めて書いた文章ではないでしょうか。それは明治初期に特命全権大使岩倉具視一行に随行し『米欧回覧実記』を著した久米邦武のものです。適確な内容を朗々と響かせるその文章は、明治時代の日本と日本人の高揚にのせて、実によくヴェネツィアの光や人の声、水の音を伝えます。それは1873年初夏のヴェニェシヤでした。

「『ヴェニェシヤ』府ハ我日本ニテ『ベネチヤ』トイヒシハ、卽チ比府ノコトニテ、英ニテハ『ヴェニシ』ト云、以太利東北ノ海口ナル都會ニテ、『アトリャチック』海ニ濱セル、斗出《としゅつ》ノ島ヲ聚《あつ》メテナル、島中ニ大運河ヲ回《めぐら》ス、巴字ノ如シ、是ヨリ大小ノ運河ヲ引キ、縦横ニ交錯シ、附近ノ小島ニ連綴《れんてい》シ一府トナス、雄樓傑閣、島ヲ塡メテ建ツ、河ヲ以テ路ニカエ、艇ヲ以テ馬車ニカユ、歐洲ノ諸都府中ニ於テ、別機軸ノ景象ヲナセル、一奇郷ナリ、名ツケテ衆島府トイフ、比都府ハ、歐洲ニテ古キ貿易場ニテ、紀元三百年ノ頃ヨリ繁盛ヲナシ、附近ノ土地ヲ占メテ、合衆政治ヲナシ、獨立ノ一國タリ」(久米邦武編、田中彰校注『特命全権大使米欧回覧実記（四)』岩波文庫、1980、以下同)

一行は、ヴェネツィアの古文書館で天正遣欧使節や支倉常長の書状を実見もします。常長はヴェネツィアは訪れていませんが、岩倉一行は自分たちよりはるか以前の同胞の足跡を実によく観察しています。今年

2013年は、常長が1613年に現石巻市から出航して400周年です。現在私たちがイタリアやヴェネト地方を訪れる際に、天正時代1528年に長崎港を発した天正少年使節の4人の日本人少年、江戸時代初期に仙台から2つの大海を横断して来た武士支倉常長、1871（明治4）年横浜港発の岩倉具視、木戸孝允、大久保利通、伊藤博文らの明治時代初期の若い日本の男たち一行、それ以降にも多くの日本人が来訪して、私たちが今見る世界遺産を時間軸の彼方の彼らも見て触れたことを思えば、過去・未来、東洋・西洋の彼我に広がる歴史の奥行きとそれへの親しみが増します。なお、日本とスペインの共同推薦で「慶長遣欧使節関係資料」（国宝の「ローマ市公民権証書」「支倉常長像」など97件）が世界記憶遺産に今年登録されました。

一般に都市とは、そのどれもがその地に特別な関わりを抱く人びとの行為と念によって造られたもので、したがってどれもが特別です。しかし世界の中でもとりわけ特別な都市をひとつだけ挙げるとすれば、それはヴェネツィアでしょう。この都市はひとつの藝術作品であるからです。イタリア半島だけに限っても多くの綺羅星の如き都市がありますが、ヴェネツィアほど濃密な都市空間を有するものは他にありません。それは外部から隔絶された限定的な空間であり、よって人びとの思いと視線と溜息の濃度が高まり、それが海の上に浮かぶこの劇場都市で練られ繰り広げられたのです。

海の都市の誕生

ヴェネツィアは海から生まれ、海の中で生きている都市です。ローマ以前の古代イタリア半島にはさまざまな民族が棲んでいました。半島南半分にはラテン人などのイタリ語系諸民族やギリシア人、アルプスから南にはガリア人、半島北西部にはエトルリア人、そしてアドリア海の奥の地域にはウェネティ人が棲み、その地をウェネティアと呼びました。

しかし5～7世紀にイタリア北部に侵入した西ゴート人、フン人、ロンゴバルドらに追われ、アクイレイアなどのウェネティア諸都市の住民はテッラ・フェルマ（イタリア本土の陸地、「動かぬ大地」の意）からアドリア海のラグーナ（潟）に浮かぶ、現在のトルチェッロ島などの島々へと避難しました。海上の島は天然の要塞だからです。水こそがヴェネツィアの城壁です。だからヴェネツィアには石の城壁がなく都市空間は明るく開放的で、しかし同時に海に浮かぶ島なので限定され濃密なのです。

ラグーナとは浅い内海で、外海から砂州によって隔てられた、まるで地面のラクーナ（あな）のような部分です。しかし外海から完全に遮断されるわけではなく、防波堤となった砂州の間から外海と通じます。ヴェネツィアは海の都市ですが、世界に数多ある海港都市や河口都市などの「水辺都市」と異なるのは、都市そのものが海の上に造られ海の中で生きていることなのです。

アドリア海は、地中海の一部であり、それぞれの背後に西と東の大陸が控えるイタリア半島とバルカン半島に挟まれた、比較的に幅の狭い海域です。つまり異文化交流の広場である地中海の中でも、とりわけ経済と軍事と文化の往還が盛んな空間です。またアドリア海は、イオニア海からオートラント海峡の奥に入った「袋小路」です。その奥ではポー河が注ぎ込み、さらにその最奥にヴェネツィアは位置します。ヴェネツィアはその最盛期には、アドリア海そのものを「ヴェネツィア湾」あるいは「カナル・グランデ」と認識するほどでした。

ヴェネツィア創建は、伝説では421年3月25日とされます。広大なラグーナの中に誕生したのち、ヴェネツィアの島々の数は徐々に多くなり、同時に聚合していきました。ヴェネツィア本島も当初から現状の形態をしていたのではありません。8世紀頃にしだいに島々が聚まりはじめ、11世紀頃に現在のカナル・グランデの原形がしだいに形成され、それがほぼ完成したのは13世紀から14世紀後半です（ヴェネツィア全体は、現在は点在する118の島からなります）。

島々の間には当初は橋はなく、舟での往来のみでした（現在では400

ヴェネツィアの潟と島々

本土から見たラグーナの中のヴェネツィア

ほどの橋があります）。島は、多くの有力家がそのひとつずつを占領し、島内で自給自足的集落を形成し、その中心として7世紀以降には教会が作られました。これらの多くの集落は全体として一種の連合体を形成しましたが、あくまで「コントラーダ」と呼ばれる各々の島が基本単位でした。それは開発単位でもあり行政単位であり教区でもあり、各地域の人びとと自然地形に立脚し自立したものでした。

当時、アドリア海は東ローマ帝国の支配下にありましたが、ヴェネツィアは自治権を有していました。伝承では697年に初代のドージェ（総督）を選出して共和制を開始したとされます。ヴェネツィア共和国の開始です。その後、塩や魚の販売や貿易で豊かになってきたヴェネツィアの支配を巡り、東ローマ（ビザンティン）帝国とフランク王国が対立しました。8世紀末～9世紀初頭にフランク王国の攻撃を受け、810年には防衛のために首府をマラモッコから現在のヴェネツィア本島のリアルトに移動させました。東ローマ帝国とフランク王国との間で条約が交わされてヴェネツィアは前者に属しますが、後者との交易権を有するようになりました。貿易都市としての性格が定まり、名目上は東ローマ帝国に属するも実質は自治が確立され、ドージェ管理のもとに共和制をとり繁栄の坂をのぼり続けました。

海洋国家は東西貿易により繁栄の絶頂へ

久米が「歐洲東方ヨリ、小亞細亞《エジャマイナ》、阿剌伯《アラビヤ》、及ヒ印度トノ交易ハ、地中海ヲ運シ、比ニ聚《あつ》メテ歐地ニ散ス、貿易ノ權ヲ總《す》ヘ、繁盛ヲキワムルコト一千年ナリシニ」と述べるように、ヴェネツィアは東方貿易において栄華を極めてゆきました。

826年には、聖テオドールから聖マルコに国の守護聖人を変えました。前者はギリシア人であり、東ローマ帝国との強い関連を示唆させましたが、後者はこの地方の最初の教会であるアクイレイアの教会の創始者とされるゆえに、ヴェネツィアの政治上、宗教上の独立を示唆するのです。9～10世紀にはイスラムやマジャールの侵略を撃退し、ローマ帝国による地中海覇権が崩れた後の中世において東と西を結ぶ重要な貿易都市として擡頭し、イスラム諸国と交易を拡大しアドリア海沿岸の支配を進めます。弱体化していく東ローマ帝国からの要請で11世紀にはアドリア海南部の海上防衛を引き受け、帝国内での広範な貿易特権を得ました。同時に東地中海にも進出し、各地のイスラム教徒との貿易に従事しました。さらに十字軍がシリアに進出すると、十字軍への援助の代償として、そこでの貿易特権をも得ました。当時西から東に行く大きな理由のひとつが聖地エルサレム巡礼で、ヴェネツィアはその重要な中継地点でもありました。

このような東方貿易の繁栄のもとで12～13世紀に本格的な都市の建設が始まり、オリエント文明の強い影響下にあるヴェネツィアはヨーロッパの中のオリエントとして、西洋の都市というよりはオリエント都市の濃密な容貌を呈していきました。海上のオリエント都市、それがこの都市の陰翳の最大の魅力です。

1204年、ヴェネツィアは第4回十字軍と共にコンスタンティノポリスを征服し、クレタ島などの海外領土を得て東地中海から黒海を影響下に置く強大な海軍国家となります。この時に戦利品としてサン・マルコ寺院のファサードを飾る4頭の青銅の馬がもたらされました。同寺院のファサード南西隅の4人の皇帝の像『共治体制下の四帝』も、13世紀の十字軍時代に戦利品としてコンスタンティノポリスからもたらされました。またこのような繁栄があったからこそ、ヴェネツィアの商人マルコ・ポーロは、元にまでいたる1271年から24年間もの旅行を成すことができ、「ジパング」も紹介されたのです。またヘレニズム時代プトレマイオス朝エジプトのカメオ『タッツァ・ファルネーゼ』（ナポリ考古博物館現蔵）は、1430年に中央アジアのサマルカンドに、1458年にはナポリにあったことが記録されていますが、中央アジアのティムール朝の宮廷とイタリア半島との間の交流にはヴェネツィア商人が関わっていた可能性が指摘されています。繁栄が文化交流を生み出し、文化交流が繁栄をさらに促しました。1381年にはジェノヴァとの海の覇権争いに、ついに勝利し協定を結びます。地中海の制海権を確保し、交易を基礎にさらに栄えました。このようにヴェネツィアは14～16世紀に最盛期を迎えました。15世紀前半が頂点でした。

オスマン帝国の脅威

ヴェネツィアが繁栄の坂をのぼりはじめるその一方で、これまでになかった脅威であるオスマン朝が成長していました。1299年、トルコ系のオスマン1世により西部アナトリア・小アジア北西部にオスマン朝が建国されました。このイスラム王朝は次々に東ローマ帝国を侵蝕し、14世紀にバルカン半島に進出して諸民族を破りヴェネツィアを牽制し、さらに15世紀半ばにはブルガリア、ギリシア、アルバニア、セルビアの諸地域を併合しました。ダーダネルス海峡のガリポリは古今において東西間の要衝で、ここを劇場として度々戦いが繰り広げられましたが、1416年にはヴェネツィア軍は地中海に進出したオスマン軍とガリポリで初めて衝突し艦隊を撃破しました。しかしこれはその後の両者の1467～79年の長い戦争の始まりでしかありませんでした。東地中海の覇権を争うヴェネツィアの以前からの宿敵はジェノヴァやピサでしたが、オスマン帝国はついに1453年にコンスタンティノポリスを攻略し東ローマ帝国を滅ぼしたのです。ここに至ってその巨大な脅威はヴェネツィア眼前のものとなりました。エーゲ海、ギリシア本土から徐々に撤退を強いられ、ヴェネツィアの最盛期は終わりを迎えました。このようにして15世紀に、この海洋都市を取り巻く環境は大きく変わりました。

1416年から継続していたオスマン帝国との戦争にヴェネツィアは敗北し、1479年に平和条約を締結し、毎年多額の金を支払うことでオスマン朝支配地域での交易を許されました。翌年にオスマン帝国軍が、アドリア海の入り口、したがってヴェネツィアの死活問題に関わるオートラントに上陸してもヴェネツィア軍は動かず、かつてはヴェネツィアの「カナル・グランデ」であったこの海の奥にまでオスマン帝国軍は進み

カナル・グランデを行くバポレット

カナル・グランデから見たサン・マルコ広場

ダルマティアを侵攻しました。ヴェネツィアは、1489年にはジェノヴァから豊かな穀物拠点であるキプロス島を獲得しましたが、1503年にはアルバニアとギリシアの数々の拠点を放棄せざるをえなくなり、1570年には再びオスマン帝国との戦いが始まりますが翌年には負け、キプロス島を手放しました。こういった外洋からの脅威に直面したヴェネツィアは、新たな活路を求め、それまでむしろ背を向けていたテッラ・フェルマ（イタリア本土の陸地）へと進出していきました。

生理頓《とみ》ニ衰ヘタリ～大航海時代とテッラ・フェルマへの進出

一方、15世紀の末には、1492年にコロンブスがアメリカを、1498年にポルトガルのバスコ・ダ・ガマがインド航路を「発見」しました。東方貿易、世界経済の中心としてのヴェネツィアの地位が根底から崩れ始めました。久米邦武が「葡萄牙人始メテ亞弗利加ノ航路ヲ開キ、喜望峰ヲ回リ、印度、阿剌伯《アラビヤ》ヘノ交易ヲセシヨリ、比府ノ生理頓《とみ》ニ衰ヘタリ」と記す通りです。建築において、13世紀までは東方の影響の強い様式が支配的でしたが、北ヨーロッパとの交易も盛んとなった14～15世紀にはアルプス以北のゴシック様式がもたらされ華麗に展開しました。勃興してきたオスマン帝国に対して、ようやく教皇ピウス5世（ギスリエーリ）が神聖同盟を結成し、1571年に教皇、スペイン、ヴェネツィア、ジェノヴァの連合海軍はレパント海戦においてオスマン帝国を撃破しました。ただしキプロス島を奪還するには至りませんでした。

しかし16世紀にはヴェネツィアは危機を克服しました。海上交易よりもテッラ・フェルマでの農業経営に力を傾注し、また文化活動にも盛んに従事するようになります。イタリア半島の他の諸都市が寡頭政治に移行する中、ヴェネツィアだけが共和政のもと政治的にも宗教的にも独立していきました。自由な精神が横溢したその文化的都市空間に魅された多くの藝術家や思想家による藝術が、ルネサンスからバロック時代にかけてヴェネツィアをさらに祝祭的な劇場都市へと変貌させました。特にサン・マルコ広場が劇的に改造されました。時計塔、ルネサンス様式の図書館などが造られ、まさに劇場都市の中の劇場空間が作られました。もうひとつの中心であるリアルト橋が石製のアーチ橋となったのも16世紀後半です。

1683年の第2次ウィーン包囲で、オスマン帝国がヨーロッパ軍に負け、続いてヴェネツィア軍をも巻き込んだ1699年までの大トルコ戦争でオスマン帝国は衰退へと向かいます。

ここで2つのことが指摘できます。ひとつは、これはオスマン帝国とヨーロッパの関係、東と西の関係が逆転した世界史的な転換だったことです。農業が開始されてユーラシア大陸に諸古代文明が勃興して以来、世界史の中心は、大陸西端の半島でしかないヨーロッパ地方ではなく、ユーラシア大陸であり続けました。古代ギリシア時代の大国はむしろアケメネス朝ペルシアであり、その後も政治・軍事・経済・文化面での世界史の中心は常にユーラシア大陸にありました。しかし大航海時代になり新大陸との交流が進み、そして第2次ウィーン包囲以来天秤は傾き、以後ヨーロッパ半島が世界史の中心になっていきます。ただしいずれにせよヴェネツィアは天秤の右左（東西）の要であり、オリエントへあるいはテッラ・フェルマへと巧みに重心を移動しつつ永く繁栄を誇りました。

もうひとつは、大トルコ戦争においてペロポネソス半島に進軍したヴェネツィア軍がパルテノン神殿を砲撃により撃破したことです。1458年にオスマン帝国はアテナイを占領し、ギリシア正教会に改造されていた旧パルテノン神殿を今度はモスクへと改築しました。1687年9月にヴェネツィア軍は、オスマン帝国軍の要塞となっていたアクロポリスを包囲します。オスマン帝国軍は旧パルテノン神殿を弾薬庫としていましたが、そこにヴェネツィア軍は9月26日午後6時頃に砲弾を撃ち込みこれを撃破・破壊しました。もしもこれ以前の1674年に、駐トルコ大使ノワンテルが画家カレーにパルテノン神殿各部の詳細な素描を画かせていなかったら、この世界遺産（文化遺産）の相当の情報が失われていたでしょう。後にターリバーンがバーミヤーンの大仏を破壊しましたが、時代が異なるとはいえ、文化財を意図的に火薬で爆破する蛮行を西洋文明も行ったことは銘記されるべきです。多数の民間人と歴史的景観をも殺戮・破壊したゲルニカ、ハンブルク、ドレスデン、広島、長崎などへの空襲同様に、A・リーグルに則って（『記念物崇拝』1930）歴史の負の側面、負の記憶や記録も貴重な遺産として明示すべきでしょう。

さて、すでに16世紀には、フランス、イギリスの東地中海への参入、さらにはオランダの参加により、ヴェネツィアの香辛料を中心とした500年にも及ぶ奢侈品交易の独占的な地位は失われていました。17世紀には北西ヨーロッパにフランス、スペイン、イギリスなどの領域国家が築かれ、海上交易は地中海から大西洋へと軸が移り、ヴェネツィアは最終的に没落していきます。オスマン帝国から北西ヨーロッパへと世界の中心舞台が移動する中で、世界貿易の大動脈から外れ、地中海はむしろ後進地域となったのです。

18世紀以降～もぎ放されて海にただよう花のように

ヴェネツィアは、18世紀にはオリエントの濃密な澱と退廃が漂う、洗練されて歓楽的な、いかがわしく艶やかな雰囲気の文化的一小国となりました。イタリアに侵入したナポレオンは1797年にヴェネツィアを征服し、長く続いた共和制を廃止しました。翌1798年オーストリアに割譲し、ヴェネツィア共和国は名実共に終焉を迎えました。ナポレオンは「サン・マルコ広場はヨーロッパで最も美しい広間だ」と言ったとされますが、ヴェネツィアはもはや美しい文化的サロンでしかなかったのです。1805年ナポレオン支配下のイタリア王国に帰属しましたが、1815年にはオーストリア支配下のロンバルド・ベネト王国に帰属しました。1861年には統一イタリア王国が成立しましたが、ヴェネツィアはオーストリアの支配下にあったため、王国には参画しえませんでした。しかしプロイセン・オーストリア戦争で後者が敗北すると、1866年に人民投票により統一イタリア王国に編入されました。ただし、その際ヴェネツィアの付属領土だったイストリアやダルマチアがオーストリア領に留

リアルト橋

サン・マルコ寺院

まったので、「イタリア・イレデンタ」（未回収のイタリア）となりました。

ヴェネツィアには、「生が没落した後には、魂の抜けた舞台面、まやかしの仮面の美ばかりが残されるよりほかなかった」（川村二郎訳『芸術の哲学』以下同）とジンメルは言います。しかし追われて海に都市を創った時から、享楽には終わりがあることを予感し続けたのがヴェネツィアだったような気がします。それゆえの嬌声と溜息がこの都市の空気を濃密に練り上げました。ジンメルは、「ヴェネツィアを、われわれの世界把握の諸形式の、唯一無二の序階の象徴たらしめている悲劇性は、こういうことである。すなわち、その基盤を放棄した表面、もはや生きた存在を内に保っていない仮象が、それにもかかわらず、完全な実質のように、現実に体験可能な生の内容のように、装うということ」「かつて存在と照応したためしがなく、しかも、それと相対立した存在すらすでに死滅してしまっている、そのような仮象が、生と全体を提供するように装うとき、ただそのときにおいてのみ、仮象は絶対的な虚偽となる」と言います。そのような仮象あるいは絶対的な虚偽となったのが、都市の生理の衰えた18世紀以降のヴェネツィアです。

ただし続けてジンメルが言うように、「ただ芸術のみが、僥倖に恵まれた瞬間に、仮象の内に存在を取り込み、この存在を自分自身と同時にさしだすという仕事を果たすことができる。それに芸術は、芸術以上のものである時にはじめて完璧になり、人工性の彼岸に超えることになるのである」そのような藝術としてジンメルはフィレンツェを挙げますが、ヴェネツィアこそが「もぎ放されて海にただよう花のように、根を持たずに生の中を泳ぐ冒険のいかがわしい美しさをそなえている」がゆえに、そのような藝術であり、ゆえに私たちはこの都市に惹かれ続けるのではないでしょうか。ヴェネツィアは「昔も今もなまめいた冒険の古典的都市」でしかなく魂に故郷の確信を与える藝術ではない、とジンメルは述べますが、少なくとも私たち異邦人はそのようなこの都市にこそ藝術を認めるのです。この都市は、「われわれの生は本来前景でしかなく、その背後には、ただ一つの確かなものとして死が控えている」ことを黙示するからです。

現在では、メストレの重化学工業地区を中心とする本土での化学、冶金、製鉄、石油精製、機械製造、造船などの産業に市の財源を依存しています。一方大気や海水の汚染だけでなく、地下水汲み上げによる地盤沈下がヴェネツィア本島でのアックア・アルタ（高潮）をもたらしています。観光産業も盛んです。しかし、観光客が横溢する広場と路地から一歩裏に入ったところに、現在でもヴェネツィア人のゆたかな生活があります。1987年に「ヴェネツィアとその潟」は世界遺産に登録されました。

数多《あまた》の円居《まどい》から成る人間が棲む都市

古代都市ローマもミラノもパリも平城京も江戸も権力者のために作られ、権力者の「肖像」が都市の各所に刻印されています。しかし、ヴェネツィアに棲んだ陣内秀信氏が指摘するように*、この都市は権力者のために作られたものではありません。そこに棲む人びとのためであり、上述のようにそれぞれの島「コントラーダ」が、自然に立脚した開発単位であり行政単位であり教区であり、都市のハードとソフトの基本単位となりました。これは共同体としての都市の各地区の枠組の根本概念で、住民が共有する広場や中庭や路地となって表出し、そこでは地区ごとの労働、消費、おしゃべり（passatempo）といった日常生活が今も繰り広げられます。また各地区には、いまだにそれぞれの貴族と庶民の階層が混在し、パラッツォ（邸宅）とカッレの長屋が隣り合い、宗教と各種の生産・消費機能も各地区ごとに混在して、毎日毎夜賑やかです。都市のひとつの原点がもしモヘンジョ・ダロであったとしたら、それはすでに貴族地区と庶民地区が別々に設定されたものですから、さらにそれ以

---

* 『ヴェネツィア―都市のコンテクストを読む―』1986,『ヴェネツィア―水上の迷宮都市―』1992,『イタリア海洋都市の精神』2008など。

前にさかのぼる、火の周りに人が集まった原始時代の円居《まどい》と宴がいまだにヴェネツィアの各地区《コントラーダ》には脈打っているのです。

このようにヴェネツィアにはひとつの中心はありません。ヨーロッパの他の諸都市とは異なり、ヴェネツィアでは生活の場である「部分」としての地区《コントラーダ》（教区）がそれぞれ特色を持ちつつ独立しており、それは都市の「全体」に従属することはありません。もちろん、カナル・グランデとサン・マルコ広場とドージェが、全体を束ねてテッラ・フェルマに対するひとつのまとまりを見せています。しかしそれは全体を前提として各地区の機能を限定するゾーニングとは全く反対向きの体系であり、脈々と活きる各部分から成る全体としてのホーリズムの豊かさが、有機的都市ヴェネツィアの特徴であるとも言えます。

さらにこの都市は女性のように海を胎内に導き抱きかかえているがために、西洋の他の都市と決定的に異なり、常に自然を胎動としその生理と共にあります。それは固まった不動の土地テッラ・フェルマに対する、水上都市ヴェネツィアの生命力の豊饒です。ある深夜ヴェネツィア女と散歩していると、ひときわ今晩はカッレに水音が響くことに気が付き、そう告げる私に彼女は黒衣に懸けたショールを揺らし水面と夜空を指し、だって「今夜は満月よ」と言いました。月の引力が潮を満たせ、夜の都市の音源となっていたのです。

ヴェネツィアは海と結婚します。キリスト昇天祭の日に、サン・マルコ広場から船に乗ってドージェ（現在は市長）がリドの海まで行き、金の指輪を海に投げ、「海よ、永遠の海洋支配を祈念してヴェネツィアは汝と結婚せり」と唱えます。イタリア語で男性形の海と、女性形の都市の豊饒で官能的な結婚です。だからヴェネツィアは海をその胎内に導き入れるのです。海を胎内に導き、それ介して常に自然と交信する都市だからでしょうか、ヴェネツィアはどこか多神教・異教的な都市です。河に依拠する都市はローマやパリやバンコクをはじめ世界に多いですが、しかし河の流れは絶えずして昼夜をおかずに一方通行です。一方、海は

ゴンドラ

サッリザーダのひとつストラーダ・ヌオヴェ

回帰的です。そして海辺の都市は世界に数多ありますが、海を胎内にまで深く導いた都市はヴェネツィアだけでしょう。過去が再び押し寄せ時が積み重なる多層性が、この都市の幻想的な豊かさの源にあります。道と運河は複雑で迷宮のようですが、それを知悉した人には棲みやすい都市です。身体に馴染んだ都市空間には、そこに「住む」というよりも「棲む」という漢字が相応しいでしょう。

一日のうちでも刻々に、日ごとに、また月ごとに、体温ともいうべき都市空間の温度と表情と音と匂いを変えるのが、ヴェネツィアという都市です。もちろん、そもそも都市とは人工的なものです。特にヴェネツィアほど人工的な都市は他にありません。通常都市は土地の起伏などを利用して造られます。しかしヴェネツィアは、全くの平らであるどころか、支えのない海面に木の杭を打ちこんで都市の「地面」から創り上げ、その上に石で都市を構築した全くの創作都市です。これほど人工の極みである都市空間は世界にも他にありません。一方で、風や大気はもちろん、海を都市内に深く取り込んで自然の胎動と共にあります。人工と自然の「両義性」（ジンメルが言うこの都市の特徴）が、高いレベルでみごとに調和した都市がヴェネツィアです。これからの都市文明を考えるときに参考にしなければいけない、と陣内氏が指摘しています。

杭の上に成り立つヴェネツィアというのは、ジンメルが以下に言うような藝術作品そのものでもあります。「ある内的な形而上的な世界を直接に指し示しながら、この世界を表現すべきであるのに実際は表現していない、そんな芸術作品もかずかず存在するのである。そこでは、部分部分がたがいに調和し、完璧を誇ることはあるにしても、全体は、それが本来属してはいないひとつの根から生い立っている。全体がそれ自体の内部において完璧であればあるほど、それだけいっそう虚偽は徹底的になる。全体が、みずからの最深部において否認するような内的生命、世界観、宗教的信念と、関係を持つ場合の虚偽である」。この虚偽がヴェネツィアの特長です。

ヴェネツィア語

世に最も知られているイタリア語は、親しい人との出会いと別れの際の軽い挨拶 Ciao!（チャオ！）でしょうか（ドイツ語では別れの時のみに使いますが)。これはヴェネツィア語 s-ciao ‘(sono vostro) schiavo’（私はあなたのしもべです）が原義であるとされます。ただしもしもヴェネツィア語で「私はあなたのしもべです」と言われたら、それは逆にその人の虜になる事態を喚起しやすいでしょう。

なぜなら、ヴェネツィア語は優美で甘く柔らかで、人の心に忍び込むようなところがあるからです。その謳い揺れ動くようなカデンツァは、特に女の唇に合います。ヴェネツィア語 cossa falo?（イタリア語 cosa fa?)、cossa diselo?（cosa dice?）のように子音が複合、さらに édddilo（vedilo）のように 3、4 回も重なることもあります。e よりも甘い母音 i を好みます。siora mare（signora madre)、fio mio、fia mia（figlio mio, figlia mia)、bela fia（bella ragazza）とは、なんと甘い呼びかけでしょう。nu、vu、lu（noi, voi, egli)、さらには fastu（しなよ）(fai)、distu（言ってごらん）(dici)、vienstu（おいで）(vieni）と囁かれたら、あなたのしもべならん、と逆らうことを思いません。

ヴェネツィアは、詩の上に浮かぶ島でもあります。隅々まで詩に満ちた空間であることは日本列島も同じかもしれません。しかし特にヴェネツィアはオリエントという異界、西洋とオリエントの間という異界、陸と海との間という異界といったさまざまな異界に通じた空間なので、ローマ、ミラノ、ジェノヴァ、パリ、京都、江戸など他のどの都市よりも詩に詠われていることは、また別稿に譲ります。

交通路

ヴェネツィアの外の世界で馬が活躍し自動車が発明されても、それらがこの都市空間に入り込むことはありませんでした（馬車は禁じられていましたが乗馬は初期には許されていました。しかし 1297 年に禁止され始め 15 世紀には完全になくなります)。19 世紀以降、世界の都市空間と田園は自動車文明に蹂躙されましたが、ここだけには車社会が侵入しませんでした。現在も移動は舟か足によるしかありません（犯罪者も逃げ足は足のみなので治安も良い）。道路や広場そして都市の主人公は、人間であり続けています。ジンメルの言うように、この都市では車の速い速度が「それを追う眼を引きさらうといったことはけっしてなく、ゴンドラと歩行する人間はまったく同じテンポとリズムで進んで行く」ので、「おそらくいかなる都市においても、その生活がこれほど完全にひとつのテンポを保って営まれることはない」のです。そしてこのことが、以前から感じられていたヴェネツィアの「夢のような性格の、本来の原因」であり、このテンポによって私たちはこの都市で生々しい非現実の夢に引き込まれてしまうのです。

ジンメルはヴェネツィアの特徴は「生のいかがわしい両義性」にあるとしますが、その「都市の二重生活」の根底は交通路として「完全にひとつのテンポを保って営まれる」水路と陸路があることです。「それは一方では街路の関連として、他方では運河の関連として現れ、したがって、陸にも水にも属していない―むしろ陸も水も、自在に変身する神プロテウスの衣装のように見え、その一方の背後には必ず他方がひそんで、自分こそ本当の肉体なのだと呼びかけ誘う」関係にありました。

久米が「河ヲ以テ路ニカエ、艇ヲ以テ馬車ニカユ」と謂う水路には、多くの小運河リオと、3つだけカナレと呼ばれる大運河（ジュデッカ大運河、カンナレージ大運河、カナル・グランデ）があります。島々が独立して橋がない時代にも、現代でも、舟が交通の主要な手段です。ゴンドラは今は主として観光用のものですが、一部には橋のない所を往復する渡し舟（トラゲット）もまだあります。時折りバポレット（水上バス）や水上タクシーがリオやカナレを横切ります。水路は文字通り水の道で、多くの建物が水面からアプローチされるので水に面して玄関を持ち、水面から見られることを意識してファサードが飾られています。また運河の処々やその辻には、まるで道祖神のように、水上の杭の上にマリア像を祭る祠が設けられています（なお水面から都市を観るという視点は、古代地中海世界からの伝統です。ロドス島のリンドスやカミロス、シチリアのセリヌンテなど多くの都市があり、さらに東京もそうです)。

陸路には、島の主要な道路サッリザーダ、多数の歩行者専用の小路カッレ、カッレのうちで特に重要なルーガ、個人の棲まいにのみ通じるラーモ、運河や海沿いの道フォンダメンタがあります。カッレは広いものから、擦れ違うのも大変なものまでありますが、両側には家が並び、歩いていると上方の窓から声や話し声が、まるで隣で囁くように降りてきます。夜、窓から落ちてカッレに響く女の嬌声に驚かされることもあります。ゲーテも夜の宿で「私がこれを認めていると、私の窓の下の運河で、人びとが何やら大騒ぎをやっている。もう真夜中も過ぎているのに。彼等は良いことだろうと悪いことだろうと、いつも一緒になって騒ぎたてるのだ」(『伊太利紀行』岩波文庫、以下同）と書いていますが、まるで声が聞こえてくるようです。

カッレからカンポやサッリザーダへと通じる所は、たいていトンネル状の暗いソットポルティゴとなっています。それを抜けたところには、路地の結節点、生活の中心としての開けた広場があります。広場には、生活に根ざしたカンポと、公的で大きなピアッツァがあります。80ほどあるカンポとは、本来「草原、空き地、田畑」ほどの意味で、初期には未舗装の広場で、爾来人びとの生活に根ざした空間でした。カンポには教会だけでなく、井戸もあります。それは日常空間、祝祭空間であるだけでなく、貯水機能も有していたのです。一方、ピアッツァと称号される広場は、ピアッツァ・サン・マルコだけであり、それが別格であったことがわかります。

水路にも陸路にも、ギリシアのヒッポダモス式都市や古代ローマ諸都市にみるような直線の道路や直角の交差はありません。島々から構成され、その間を結ぶ水路は自然の水の流れに沿うので全てが湾曲しています。島の形と水路にあわせて道路も入り組んでいます。水路と陸路が交

ローマ広場

サンタ・ルチア駅とバポレット乗り場

わる所には、都市全体の統合が必要となった後代に、水路交通を優先して島と島との間に橋が架けられました。よって、それは拗れた方向に架けられ、舟が支障なく通行できるように太鼓橋となっています。ひとつの人生という島とまたひとつの人生という別の島を結ぶために、ある夜中、私はヴェネツィアの橋の上で求婚をしました。人生の結縁の舞台背景として最も相応しいと思ったからです。ヴェネツィアという舞台のおかげで恋人から求婚受諾の言葉を受け、接吻し、橋の上で二人で杯を挙げました。ただし橋を渡りきって見たら、その橋の名は悪魔橋でした。ヴェネツィアの「橋拱はいかに高々と張っていても、それは街路の吐くといきにすぎず」（斎藤栄治訳）とはジンメルが述べますが……。

2．ヴェネツィア本島

サンタ・ルチア駅とローマ広場

鉄道時代に棲む私たちは、通常は海からではなく陸から汽車に乗ってヴェネツィアへと到ります。1846 年に開通した長さ 4 キロメートルの陸橋上の鉄路で、本土からヴェネツィア本島まで渡るのです。海面を進む汽車の窓から顔を出すと海風があたり、島が霧の先に浮かびます。本土の日常を後ろに置いて、汽車がターミナルに走り込むとそこがサンタ・ルチア駅、陸路に火輪を転ずる汽車文明が及ぶのもここまでです。駅舎を出ると目の前にカナル・グランデが広がります。

あるいは、鉄道橋に沿って 1932 年に開通した自動車道を車で走ってローマ広場まで到達することもできます。ただし、自家用車やバスなどの車は、この場に自動車文明と共に置き去ることになります。同じ島であってもたとえばマンハッタン島では、車とその音が社会の通奏低音となり、島全体が常に地盤からその低周波と騒音に包まれます。しかしヴェネツィアでは、人が都市の主人公であり、都市の音とは路上の人声と靴音、運河の水音です（バポレットや水上タクシーにエンジンは使われていますが、その音は部分的であり、直ぐに波に吸われていきます)。また威信材としてヴェネツィア内では車は意味がなく、身につけるものが重要となります。

この駅と広場は、汽車、車、飛行機などの外燃内燃機関による陸上文明を断ち切る場所です。リチャード・トレビシックがイギリスで1804年に初めて蒸気機関車を走行させ、1829年にはスチーブンソン親子のロケット号が走って以来、外燃内燃機関は人類文明の動力の根本となりました。それは特にガソリン・エンジンによる19世紀後半からの自動車文明の隆盛により決定的となりました。この人工動力はもちろん、J・M・W・ターナーによる1844年の画『雨、蒸気、速度』以来、多くの文化を生みます。しかしターナーの蒸気機関車の前をひた逃げ走る白兎のように、それがもたらす脅迫的な速度と音と振動ゆえに、私たちが静逸と寂寞とした時の流れの中の内省を失ったことも確かでしょう。

そもそも人類の発生以来、文明を支えたのは人間の筋肉の力です。それゆえにいわゆる古代文明は全て、筋力つまり人体を支える食料を恒常的に獲得する技術である農業が盛んな地域に発展したのです。家畜化が進むことにより、人力に牛馬の力が加わりましたが、主導するものは筋力であったことに変わりはありません。外燃内燃機関による人類文明の大転換は、ここわずか100年から200年弱のことにすぎません。陸上の外燃内燃機関がなく、牛馬さえもいない都市ヴェネツィアは、永い間そうであった人類本来の姿に、私たちを戻します。それがこの都市が特別な存在であるひとつの理由であり、サンタ・ルチア駅やローマ広場は謂わばタイム・マシン装置です。ヴェネツィアの時間が濃密にゆっくりと過ぎ、時折聞こえる水音に自分の内側を覗く思いがするのは、これゆえです。ただし、ヴェネツィアには車はありませんが、市民の多くは車を所有しています。ローマ広場に置いてあり、週末やヴェネツィアの暑い夏から避難して山の家で過ごす時などに本土で乗ります。かつてヴェネツィア共和国が支配していたヴェネト地方での余暇を楽しむのです。

ゲットー

サンタ・ルチア駅を出て左へ行きます。そこはヴェネツィア本島西北部の、華やかな中心部から離れた閑静な地区です。エルヴィス・プレスリーの静かな反抗歌“In the Ghetto”(1969年) ではシカゴのゲットーに望まれずに生まれる子供と母親の悲しみが歌われます。このように「ゲットー (Ghetto)」は現在、大都市での少数民族居住地区、スラム街を指しますが、本来はヨーロッパ都市においてユダヤ人が隔離居住を強制された地区を意味します。

1516年にヴェネツィア本島の、鋳造所があった地にユダヤ人隔離居住地区が建設されゲットーと呼ばれました。この呼称の起源には諸説あります。ヴェネツィア語 ghèto が「溶解した金属」から転じて「鋳造所」を意味し、この地区にはかつて大砲鋳造所があったからゲットーと呼ばれたとの説が一般的です。「投錨する岸壁」の意の中世ラテン語 gettus とする説、ユダヤの法律と伝承の集大成本タルムードのヘブライ語の用語で「隔離」を意味する ghet とする説、シリア語で「宗教的会の会員」を意味する nghetto とする説などです。イタリア語の「町」を意味する borgo の縮小語の borghetto「村」に由来との説もあります。このゲットー地区には地中海世界各地からのユダヤ人が棲みましたが、特にイスラム圏からのユダヤ人はその後のヴェネツィアとイスラム圏との交易関係の中で重要性を増します。シェークスピアは『ヴェニスの商人』で強欲なユダヤ人金貸しシャイロックの喜・悲劇を描いています。

3. カナル・グランデ

カナル・グランデとリアルト橋〜水調一聲、響キ海雲ヲ遏《とど》メテ瀏湸《りゅうりょう》タリ

サンタ・ルチア駅から陸路を歩いてさっそくに迷うのも愉しいでしょう。水路ならばバポレッに乗りカナル・グランデを行くのが普通でしょう。初夏の坂を登るような思いでこの都市に来た人間は、まさに岩倉一

リアルト橋たもとの商店街

アカデミア橋

行の「中流ニ游フ、水調一聲、響キ海雲ヲ遏《とど》メテ瀏湸《りゅうりょう》タリ」との思いを共有できます。晩秋のうつむいた思いで来た人は、レニエの「黄昏は大運河を暗くつつみ、遠近の鐘々、十一月の灰色の空に響きわたりぬ」（青柳瑞穂訳『水都幻談』1994 年）に共感するでしょう。各地区の核であるカンポが都市の内側であるとしたら、カナル・グランデに面した建築は都市の表の顔です。東方貿易で財力を蓄えた商人貴族は、商業の中心のリアルト地区に近いカナル・グランデ沿いに、12 ～ 13 世紀に商館・邸宅を次々に建造しました。

カナル・グランデ脇のリアルト地区がヴェネツィアの中心です。地理的にも本島の中心にあり、歴史的にもここが発祥の地でした。Rialto は、Rivo/alto「高い水流」に由来します。Riva/alta「高い岸」なら女性型なので Rialta となるので、rivo「水流」でしょう。いずれにせよ、ここの土地が周囲より高く水上に早くから現れており、ここからヴェネツィアは誕生しました。爾来、今も、ここはヴェネツィアの経済活動の「水流」の中心です。

サン・マルコ広場が政治活動の中心、リアルトは経済活動の中心と役割分担がなされています。リアルトには、魚、肉、野菜などの生鮮食料品の市場があり、ワイン、鉄、石炭などの荷揚げと売買もなされました。オイル、塩、胡椒、木材、鉛などの金属、羊毛、生糸などの高級品もリアルトで売買され、東西の当然、売春窟もありました。

窓辺から娼婦が乳房を見せて誘っていた所には、その名も乳房橋が今もあります。特に 17 ～ 18 世紀には高級娼婦コルティジャーナが官能文化を先導していました。彼女たちはアルターナ（屋上テラス）で日を浴び髪を金に染め、2 本の角のように高く髪を結い、乳房を寄せて谷間を強調し、高いハイヒールであるゾッコロを履いていました。現代日本の水商売の女性の「盛り髪」やハイヒール等々と酷似し、性の強調手段と男の諸弱点はまこと変わらず普遍的です。なおゾッコロを履いた女ゾッコラとは、娼婦を意味する蔑称ですが、現代でもこの語は使われ、時にそれは魔力的吸引力に満ちた女傑への、特に同じ女性からの一種の讃辞の呼称ともなります。

「大運河とそれに懸っているリアルトー大橋は容易にそれと分かった。この橋は白い大理石で出来ている一個の弓形のものである。橋の上から眺めおろした光景はすばらしい。運河は、各種の必需品を大陸から運んできて、大抵はここに碇泊して積荷をおろしてしまう船舶で一杯である。そしてその間をゴンドラが蠢動している」と述べるのはゲーテです。賑わいに満ち、現実と虚構が渾然とした都の中心であるこの地区の中心的モニュメントが、リアルト橋でした。カナル・グランデの最も狭い部分に架かっています。当初は木製で 1588 ～ 91 年に石製の橋が建造されました。ひとつのアーチから成り橋脚間は 28 メートル、高さは 7.59 メートルです。12 世紀から 19 世紀にかけてカナル・グランデに架かる唯一の橋で、その他の地点では、渡し舟しか両岸を結ぶ手段はありませんでした。この橋の重要性の高さは自ずと首肯されます。濃密なヴェネツィアの都市空間の中でも、この橋はひときわ濃度の高い場所です。

それを水面から仰ぎつつ、この橋の下をゴンドラで通る時に接吻すると永遠の愛が約束されるという俗な話が生まれ、しかもそれを信じたくなるのも不思議はありません。岩倉一行でさえ、「艇ノ製作奇異ナリ、舳首騫起《じくしゅけんき》シ、艇底円轉トシテ、舳ニ屋根アリ、中ニ茵席《いんせき》ヲ安ンス」と表現したゴンドラに乗って、「棹《さお》ヲ打テ泛泛《はんはん》トシテ往返ス、身ヲ清明上河ノ圖中ニオクカ如シ、市廛《してん》鱗鱗トシテ水ニ鑑ミ、空氣清ク、日光爽カニ、嵐翠水ヲ籠メテ、晴波淪紋ヲ皺《しわ》ム、艇は雲靄杳緲《ようびょう》ノ中ヲユク、飄飄乎《ひょうひょうこ》トシテ登仙スルカ如シ、府中ノ人、音樂ヲ好ミ、唱歌ヲ喜ヒ、伴ヲ結ヒ舟ヲ蕩《うごか》シテ、中流ニ游フ、水調一聲、響キ海雲ヲ遏《とど》メテ瀏湸《りゅうりょう》タリ、旅客ノ來ルモノ、相樂ミテ歸ルヲ忘ルヽトナン」とはしゃぐのです。

久米は『実記』において、ヴェネツィアだけでなく他の箇所でも描写にあたって伝統的漢文表現を多用しています。日本の外に出て、米欧で大自然と蓄積型文明の壮大さに接したとき、それらのモニュメンタルな

カナル・グランデに

コルネール館（左側手前）

カ・フォスカリ（左側奥の建物）

沿って建つ貴族の館

カ・ペーザロ（右側の手前から２軒目）

カ・ドーロ（黄金の館）

景物を表現する語彙が日本語にはなかったのです。モニュメンタルな文明である中国の語彙を借用するしかなかったのです。特に久米がここで「身ヲ清明上河ノ圖中ニオクカ如シ」というのはまことに妥当で、黄河中流に位置し大運河《カナル・グランデ》を引き込んで、水運によって栄えた北宋の都開封を描いた『清明上河図』(12 世紀）にも、まさにリアルト橋のように船を通すべく膨らんだ太鼓橋が描かれ、多くの人びとが行き来します。日本も属する中国文明圏内の有名な水上の都と謂う、殷賑の語彙・比喩表現でもって、久米は新しく遭ったヴェネツィアを正しく感受し描写しており、江戸・明治の人間の文化教養能力の底力と奥行きを示しています。

アカデミア橋・アカデミア美術館・ヴェネツィア大学

1854 年製の鉄製の橋の場所に、現在のものが 1934 年に木製で建造されました。あくまで仮のもので、アーチはひとつで、石製橋が直ぐに建造される予定でしたが、未だにそのままで劣化が進んでいます。ただしここからの展望は素晴らしく、右手には運河沿いに館が連なりその果てに税関が、左手にはサン・マルコ広場へと運河が湾曲しその先に海が開けています。橋を渡れば、そこにはルネサンス時代のヴェネツィア派絵画を多く蔵したアカデミア美術館があります。橋を渡って行く美術館は、ベルリンの博物館島にあるペルガモン博物館などもありますがその橋は堅牢で、心はときめきません。木橋を超えた水辺に入口のある美術館では、ジョルジョーネの『テンペスタ』が、さらに訪問者を絵の中の不思議な官能の水辺へと誘っています。

リアルト橋とアカデミア橋の間で、カナル・グランデは大きく曲がっています。その屈曲部にカ・フォスカリがあります。15 世紀のゴシック建築で、カ・フォスカリ・ヴェネツィア大学の本部があります。ただし共和国時代にはヴェネツィアには大学がなく、支配下にあるヴェネト地方の中世以来の伝統をもつパドヴァ大学に力を注いでいました。ヴェネツィア大学の創設は 1868 年、明治維新の年です。イタリアで最初の経済学部を創設したのは、交易の都市であったからでしょうか。またオリエントとの交易の伝統で東アジア研究が進んでおり、日本研究ではイタリア屈指です。なお 1837 年にヨーロッパで初めの日本語語学校であるヴェネツィア商業高等学校日本語科ができました。石井元章氏によれば（『ヴェネツィアと日本』1999）、この学校には日本から６人が赴任しましたが、彼らは吉田要作、緒方惟直、川村清雄、長沼守敬、伊藤平蔵、ここで 1888 ～ 1908 年の間に中断期が入り、最後の寺崎武男です。日本語学校はその中断期を含め、1909 年まで 37 年間存続しました。この伝統が現在のヴェネツィア大学の日本語学科に繋がり、同科の人びとにより三島由紀夫など多くの日本文学がイタリア語に訳されているのです。

４．サン・マルコ広場

サン・マルコ広場～都市の公的象徴としてのピアッツァ

上述のように、ヴェネツィアにはひとつの中心はなく、この都市は、元来あくまでそれぞれ独立した自給自足の島あるいは地区《コントラーダ》（教区）の集合体です。生活の場である「部分」としての地区が、それぞれ特色を持ちつつ独立して脈打つ、数多《あまた》の円居《まどい》から成る都市です。一方で都市国家としての全体の統合は必要で、そのため都市の３機能を担った３つの中心的区画があります。政治・宗教の中心はパラッツォ・ドゥカーレ（総督宮殿）とサン・マルコ寺院があるサン・マルコ地区、経済の中心は市場があるリアルト地区、軍事と造船産業の中心はアルセナーレ地区です。

サン・マルコ広場は都市の中心的モニュメントであり、ヴェネツィアが君臨した東方の海と陸の中心のサロンであったことに、あの広場の光に満ちた祝祭の華やぎと空間の広がりは由来しています。ヴェネツィアの石畳の道と水面を、足音と水音を伴いつつ進めば、空間の疎密と明暗と高低が、いつのまにか自分もなにかの物語の登場人物のような思いにさせます。気が付くと劇場のようにさんざめく広場に迷い出て、遠くでバポレットの車掌が「サン・マルコ！」と声を上げ、向こうに月が昇り

サン・マルコ小広場

広場からみたサン・マルコ寺院と鐘楼

サン・マルコ寺院から見下ろす町

トラゲット（渡し舟）

ます。このピアッツァは劇場です。

東方から海を来た者は、税関を左手に見つつ、２本の柱が海に向かって立つこの海洋国家の表玄関に迎えられます。ゲーテも「やがて疲れて来たので、私は狭い小路を捨てて、ゴンドラに乗った。……潟の中に船をのり入れ、ジュデッカの運河にはいりこんで、聖マルコの広場の方まで漕ぎまわした。すると私には忽ち、すべてのヴェニス人がゴンドラに乗るとき感ずるように、アドリア海の支配者の一人であるかのように思えてきた」と述べます。

船着場から上がり柱の間を進むとそこにヴェネツィアで唯一ピアッツァと呼ばれる広場が広がります。鐘楼が屹立し、右手には共和国の政治の中心パラッツォ・ドゥカーレ（ゴシック様式）が聳え、その奥には宗教の中心サン・マルコ寺院（ビザンティン様式）が広場を睥睨しています。この空間を、官僚機構を支える旧行政館（初期ルネサンス様式）、経済力の象徴の造幣局（古典主義のルネサンス様式）と文化の象徴のマルチアーナ図書館（古典主義のルネサンス様式）が囲んでいます。ここに私的建築はなく公共建築のみがあり、これらのさまざまな時代の様式の建築は、公的権力を背景としてはじめて可能だった列柱廊によるデザインの統一がなされ、広場を公的な空間としてまとめ上げています。ジンメルは「ここ、サンマルコの広場で、……鉄のような権力意志が、暗鬱な情熱が、この晴れやかな上掲の背後に、さながら物それ自体《ディング・アン・ジヒ》のように控えているのが、まざまざと感じられる」と述べています。ヘレニズム時代アッタロス朝の首都ペルガモンの広場にも政治の中心が隣接し神殿と図書館がありましたが、サン・マルコ広場も西洋古代からの伝統に則った国威発揚のためのハレの空間です。そもそも広場《アゴラ》を華やかに柱廊《ストア》で囲み中に店舗を設けるのはヘレニズム時代からの伝統です。

トルコの影響で、カフェが薬草としてエジプトからヴェネツィアに入ったのは1638年とされ、店舗としてのカフェは1683年にサン・マルコ広場に初めて作られました。それがイタリアに多くあるバールあるいは西洋世界のカフェの最初でしょう。そのサン・マルコ広場のフロリアンやクアドリといった名のあるバールに座ります。すると、「学問は歴史に極まり候事に候」（『答問書』）と荻生徂徠は言いましたが、この世の事象が全て奔流となってどこかに流れ込み歴史となる舞台を、茫然と見ているような気になります。「ヴェネツィアの人間は誰も彼もが、舞台を横切るように通り過ぎる」と言ったのもジンメルです。見上げればピアッツァの北側にはルネサンス初期の時計塔があり、その上には2人の巨大なムーア人が載り、時計を両側から打っています。ムーア人とは、アラブ系イスラム教徒のことですが、後述のようにサン・マルコ寺院のファサードのモザイクにも表され、ヴェネツィアは、特にこのピアッツァは、自分を含めて常に異邦人に溢れていることに気づきます。

ゲーテも1786年にイタリアを訪れ、ヴェローナ、ヴィチェンツァ、パドヴァを経て、9月から10月のヴェネツィアを享受しました。J・M・W・ターナーも、1819年、1833年、1840年とたびたびヴェネツィアを訪れ、その陽光に満ちた空気と水に接し、その画風を色と光に溢れたものへと大きく変えていきました。商人、船乗り、巡礼者、学者、詩人、絵描き、娼婦、捕虜、奴隷、敵等々が、この都市を訪れあるいはそこに棲み着き文化空間を濃密に練り上げました。ゲーテは以下のように観察しています。「私を取囲むすべてのものは貴重なものばかりである。それは統合された人力の偉大にして尊敬すべき作物であり、一君主のではなくして、一民族の作りなせる立派な記念碑である」。まさしくヴェネツィアは多くの部分から成るホーリズムであり、共和政の国なのです。その統合の象徴の記念碑がこのピアッツァでした。

サン・マルコ寺院、パラッツォ・ドゥカーレ（総督宮殿）、鐘楼

ヴェネツィアの旧来の守護聖人は聖テオドールでした。しかしギリシア系の聖人であり、東ローマ帝国の強い影響を示す存在でした。強力なフランク軍に対するラグーナでの反撃の後、ヴェネツィアは、政治上、宗教上の独立を目指し自分たちの守護聖人を選ぶことにしました。福音

魚市場

スカルツィ橋

書記者マルコは聖ペテロの弟子であり、布教のためにエジプトに向かいました。その際にヴェネツィア東方の都市アクイレイアにまず向かい布教活動を行ったと信じられています。そこからの帰途、後にヴェネツィアが建設されることになるラグーナを航海し嵐に遭い避難して休息した際に、夢の中で天使に「美しい都市となっているこの地にあなたは再び帰ってくる」と告げられたとされています。49年頃にマルコはアレクサンドリアに渡り布教に努め、アレクサンドリア教会を設立しました(それが現在のコプト正教会へと続き、したがってアレクサンドリアやカイロに聖マルコ大聖堂があります。特に前者には、ヴェネツィアに持ち去られなかった聖マルコの頭部があるとされます)。

伝承によれば828年に、それまで760年ほどにわたりエジプトのアレクサンドリアの寺院の墓の中に納められていた聖マルコの遺体を、イスラム教徒を欺いて２人のヴェネツィア商人が計画的に窃盗しました。最難関であったアレクサンドリア港での税関吏の検査は、行李に入れた聖マルコの遺体を、イスラム教徒が一瞥することさえ嫌う豚の肉切れで覆うことですり抜けたのです。サン・マルコ広場に面した寺院正面入口の右ファサードの右側下段アーチを飾るモザイクに、その顛末が誇らしげに表されています。フルボ（狡猾）な顔つきのヴェネツィア商人が豚肉に隠された聖マルコの遺体の入った行李の蓋を開け、それをのぞき込んだターバンを巻いたイスラム教徒の税官吏たちが、豚肉に驚き騙され鼻をつまみながら慌てて右へと逃げ、みごとに計略は成功しました。かくしてイスラム圏にあった唯一のキリスト教聖者はヨーロッパへともたらされ、ヴェネツィアはドージェ以下都市をあげてこれを歓迎しました。ただし遺体の奪還を恐れたヴェネツィア側は、棺を秘密の場所に隠しました（後に秘匿のあまりにその場所が不明となりますが、それが1094年に偶然見つかったことも奇跡とされています。1817年にも再発見され現在は主祭壇の聖体拝領台の下に安置されています)。もしも近年のハリウッド映画『アルゴ』が、イスラム教の空港警備員を馬鹿にしてアメリカ人を国外に逃亡させたノン・フィクションでイランを激怒させたのならば、豚肉の顛末はその中世版です。今、イスラム原理主義者がサン・マルコ寺院に激怒しても批判はできません。火葬されたブッダの遺骨も同様ですが、中世ヨーロッパにおいても聖なる遺体には大いなる力が宿っていました。聖十字架、聖ブラシウスの足、聖母の乳、福音書記者ヨハネの髪、聖ゲオルギオスの腕、洗礼者ヨハネの歯、およびそれらを納める容器など数多の聖遺物は格別な力があるとされました。それゆえに、聖なる遺体が寺院にあることは、ヴェネツィアの都市としての格を大いに高めました。

さてヴェネツィアにもたらされた聖マルコの遺体を納めるために、ドージェのための礼拝堂として教会が建造され832年に聖別されました。オリジナルの建物を取り込んだ現在の建物は1063年から1073年に建立されました。12～13世紀のビザンティン、ロマネスク、ゴシックの各様式の上に、16世紀ルネサンス時代に改築が行われルネサンス様式をも呈します。平面プランはギリシア十字式で、12世紀の舗床モザイクがあり、中央には球形のクーポラを戴きます。

ファサードのポルタイユの上には、4頭のブロンズ製の馬が載っています（原物は寺院内に展示）。1204年にコンスタンティノポリスから戦利品としてもたらされサン・マルコのファサードを飾った馬は、1797年にはナポレオンによって持ち去られパリを飾りましたが、戦いに負けると1815年に返還されました。たとえばヘレニズム時代の『サモトラケのニケ像』（ルーブル美術館蔵）は、ロドス島がエーゲ海の制海権を得たことを記念・顕彰してギリシア世界共通の宗教的広場であるサモトラケ島の地母神の神域に奉献した戦争モニュメントで、国威発揚のプロパガンダ装置です。古代から藝術はトロフィーなのです。またファサードの右方（南西隅）には4人の皇帝の像『共治体制下の四帝』がはめ込まれています。古代ローマ帝国がディクレティアヌス帝によって後293年に東西に分割統治されたあと、パルス・オリエンティスとパルス・オッキデンティス各々の正帝と副帝が肩をとりあって立つ姿が表されています。したがって後300年頃に作られたとされます（335年にコンスタンティヌスが息子３人と共に帝国を分割統治した時のものとする説もあります）。いずれにせよ元来はコンスタンティノポリスの皇帝宮殿にあったことが、1965年にこの彫像の欠けていた礎盤部分が発見されたことで確かとなりました。したがって、13世紀の十字軍時代に戦利品としてヴェネツィアに移されたものです。ここヴェネツィアでは、この国がローマ帝国の偉大さを受け継ぎ、かつ緊密な共同統治によることを示す造形として、ドージェの寺院正面に組み込まれたのです。サン・マルコ寺院ひとつをみてもよくわかるように、世界各地の多くの歴史遺産は、歴史の流れの中で原位置から動かされた物が実に多くあります。「戦利品」が美術史を作ります。サン・マルコの遺体を含めて、それらは元に戻されるべきでしょうか。それとも元の場所に戻すことは歴史を逆転させ、過去を現在の法廷で断罪するようなものでしょうか。

サン・マルコ寺院は、名目上はドージェのための私設礼拝堂ですから、教会への寄進の品々や戦利品は共和国が管理することができ、教皇庁の権力から自由であり得ました。司教座教会は造船所近くの聖ペテロ大聖堂でした。それゆえに長くサン・マルコ寺院は、ローマ・カトリックの支配下にある大司教の権限の下にある司教座教会ドゥオモではなく、それから独立したドージェ個人の礼拝堂であり、その古代ローマに遡る建築形態からバシリカと呼ばれてきました。聖堂の格式としては、大聖堂（ドゥオモ、カテドラル）ではなく、それに次ぐものです。やっと1807年にヴェネツィアの司教座がおかれた司教座教会《カテドラル》サン・マルコ大聖堂となりました。

サン・マルコ寺院の右隣にあるのが、パラッツォ・ドゥカーレです。原則として、ヴェネツィアで「パラッツォ」と呼ばれる宮殿はこのパラッツォ・ドゥカーレ（総督宮殿）だけであり、カナル・グランデなどに並ぶ貴族の宮殿は「カ」（ca'）（casaに由来）と呼ばれます。パラッツォ・ドゥカーレはドージェのいる政庁であり官邸、また裁判所でもあります。原初の建物は810年にマラモッコからリアルトに政治の中心が移されたあと、9世紀頃に創建されたと考えられます。しかし10世紀に焼失したためにその痕跡は残っていません。その後12世紀に再建され、そのビザンティン様式の特徴はいまだに1階等の一部に見ることができます。1340年に新しくゴシック様式の建物が建てられ、その後15世紀に1回、16世紀に2回も火災に遭います。1577年の火災後、パッラーディオの具申とは別に古いゴシック様式に拠って再建されました。ゆえに現在も外観はゴシック風のアーチが連続し、イスラム建築の影響も見られます。宮殿の背後には運河を挟んで監獄があり、運河の上に1600年頃に造られた白い大理石製のいわゆる「溜息の橋」が掛かかっています。

サン・マルコ広場には高い鐘楼も聳えます。これも9世紀頃から建てられ12世紀に完了しました。しかし度々の火災や地震ゆえに大幅に修復され、1513年に高さ約99メートルの現在の姿の鐘楼として完成しました。その後も火災などに遭い修繕が施されました。しかし1902年7月14日9時47分に突然崩れ落ちました（実際イタリアの都市には塔が多くありますが度々突然に崩壊します）。以前の姿での再現が直ちに決定され、1912年に完成して現在に至ります。なお鐘楼が崩壊する瞬間を捉えた「写真」が多々ありますが、“The Decisive Moment”の写真あるいは「フォトショップ以前の捏造写真」（メトロポリタン美術館での2013年の企画展）の事例として興味深いものです。またこの鐘楼は世界の塔や高層建築に影響を与えています。ニュー・ヨークの摩天楼のメトロポリタン生命保険会社タワーは、竣工された1909年から1913年まで世界最高の高さを誇りましたが、明らかにこの鐘楼をモデルとしています。またカルフォルニア大学バークレー校内にもこのコピーがそびえ、そこからゴールデンゲート・ブリッジと太平洋を見遣ることができます。文化はコピー、模倣されることの明白な事例です。サン・マルコ広場の鐘楼には登ることができ、そこからの眺めは、まさに「雄樓傑

サン・ジョルジョ・マッジョーレ島と教会

ジュデッカ島

閣、島ヲ塡メテ建ツ、河ヲ以テ路ニカエ、艇ヲ以テ馬車ニカユ、歐洲ノ諸都府中ニ於テ、別機軸ノ景象ヲナセル、一奇鄕ナリ」です。

5. その他の島々

サン・ジョルジョ・マッジョーレ島

サン・マルコ広場のほぼ対岸にある島で、このピアッツァから見遣る島と鐘楼の景観が、明るく煌めく海の日であれ霧の日であれ、ヴェネツィアの印象を決めます。島のほとんどをサン・ジョルジョ・マッジョーレ教会が占めます。パッラーディオの代表作のひとつで、正面ファサードは古代ギリシア・ローマ神殿を模しています。この建築がヴェネツィアのイメージの形成に大きく寄与しているのです。

1563年にトレント宗教会議で変更された典礼方式に則った新聖堂が必要となりました。そこで修道院長は、少し以前に同修道院の食堂を担当したパッラーディオに再び設計を依頼し、1567年には着工されました。しかし位置や規模は彼以前の計画においてすでにかなり決定されており、平面計画とファサードが主にこの建築家のなすべき仕事でした。ファサードは、キリスト教の教会堂に、大きさの異なる2つの古代神殿のファサードを重ね合わせて当て嵌めたものです。ゲーテは「聖ジョルジョに於ては著しく目につく一種の不手際が生じてくる。」とまで酷評しています。たしかにきわめて強引で、それにもかかわらず高く大きい台座が等しく並ぶ無理がありますが、それゆえに海を越えて見遣る視線を強く引きつけ受け止め、ヴェネツィアのイメージの基盤となっているのです。より完成され洗練され統合されたイル・レデントーレ教会のファサードよりも、かえって視線を吸引する力は強いのです。

ジュデッカ島

サン・マルコ広場から見て右側に続く島で、本島の南側の曲線に沿うようにその対岸に浮かぶ静かな島です。ヴェネツィアはファッションの都市でもあります。それを支える皮鞣しや革染色などの活動は、衛生上の理由で、水に囲まれかつ広く空間をとることができるジュデッカ島（特に本島とは反対側の島の南側）に1271年に全て移されました。ヴェネツィア本島の対岸にあるこの島は、異界の側面をもち、別荘なども建てられました。住民は本島に渡ることを「ヴェネツィアに行く」と表現しました。まるで京都中心部とその周辺域での場合と同様です。

この島のイル・レデントーレ教会もパッラーディオの代表作です。1575年～77年にヴェネツィアでペストが激しく流行しました。この危機の克服のために1576年にドージェは救世主《イル・レデントーレ》への教会奉献を決めました。候補地は3つありましたが、最終的にジュデッカ島と決まりました。その最大の理由は、年1回国事として教会への記念の大行列を行うことが布告されていたからです。そのための祝祭空間として最も効果的なのが、本島の対岸にあるこの島でした。パッラーディオの晩期のこの大作は1577年に着工され、建築家が死んだ1580年には建設がかなり進んでおり、1592年に献堂式が挙行されました。大工事としては異例の早さです。彫刻や絵画は17世紀末に完成しました。

サン・ジョルジョ・マッジョーレ教会から12年後に着工したイル・レデントーレ教会は、前者を発展・完成させたものでした。平面プランも継承の上に工夫を凝らしたもので、ファサードはより高次の完成度に達しています。ゲーテも「イル・レデントーレ寺院はパラディオの手になった美しく偉大な建築であり、その正面は聖ジョルジョよりはるかに賞賛すべきものである」と述べています。

いずれにせよ、この2つの教会のファサードを完成させるのは、その前面に湛う水です。巨大なファサードの前面に水をたたえる、このような教会は他にあるでしょうか。湖の島に立つ教会はいくつかあります（オーストリアのトラウン湖やロシアやスロヴェニアなどの湖の事例）が、海の上に堂々とファサードが聳え対岸からそれが水面に揺らぐのは、ヴェネツィアのこの2つの教会だけではないでしょうか。たしか

リド島

サン・ミケーレ島

ムラーノ島

ブラーノ島

に、宇治の平等院（11 世紀中頃）も天災人災が続く末法の世の対岸に浮かび、ムガール帝国のタージ・マハル（1632 年着工）も水路やヤムナー河に映ります（ヴェネツィア人の関与がまことしやかに喧伝されるほどです）（ちなみにどちらも世界遺産）。しかしヴェネツィアのパッラーディオの教会は、池や河の向こう側と謂うよりも、生命の海の煌めきのただ中に立っています。つまり市井の人びとの日常生活の中に立って、それを受けとめる非日常である点が、他の事例と異なります。教会のファサードは生きていることの感謝と死者への思いを受け止めます。フェスタ・デル・レデントーレ（レデントーレの祭典）の日にはサン・ジョバンニ運河に船で仮の橋が作られ、その上をサン・マルコ広場からジュデッカ島へと行列が渡ります。劇場都市ヴェネツィアにおいても、仮そめの浮き橋によって水上を異界の島へと行列が渡る、とりわけ非日常的な祝祭空間の舞台の背景で舞台そのものが、イル・レデントーレ教会なのです。

リド島

ヴェネツィア本島の浮かぶラグーナと、外海のアドリア海を隔てる周囲 11 キロほどの爪のように細長い島です。この島があってラグーナの平穏が保たれています。ヴェネツィアでは通常、墓地は教区の教会に作られましたが、1386 年に共和国から許可を得てユダヤ人の墓地はリド島にありました。本島と異なり外洋に向けて開けているからでしょうか、どこか人が少なく風の強い寂しい趣の島です。ゲーテも知人の墓を砂丘に見つけます。しかしそれは「半ば埋もれかけている。リドーは単なる砂丘と見做さるべきものであって、砂がそこまで運ばれ、風に吹きまくられ、積み上げられ、また到る所に押しあげられるのである。幾分小高くなっているこの記念碑も、間もなく人の目にとまらなくなって了うであろう」と寂しいですが、外洋に面した浜が美しい。「私は引いて行く潮のあとに残された美しい土を踏みながら、浪のあとを追って行った。貝が沢山あるので、子供たちがいたらと思った。そこで自分が子供になって、沢山それを拾い蒐めた」と童のように遊ぶのもゲーテです。

後にアドリア海に面した海水浴場としても有名となります。

リド島だけのことではありませんが、ヴェネツィアはどこでも死と享楽が隣り合わせです。だからカジノがあります。本来casinoは、家を意味するcasaの縮小語で、「小さな家」の意です。中世のカ（商館）の大広間に替わって生まれた、これも「小さくされた」を原義とするridottoリドットと共に、18世紀ヴェネツィアの人びとの私的で親密な秘めやかな遊びのための空間です。カジノやリドットとは、人と夜を徹して遊び、仮面を付けて社交を繰り広げ、芝居や音楽や食事そして会話を楽しむ私的な小空間でした。それが後に賭博や娼婦などの要素を強め、現在のようなカジノがリドにあり、私も随分金を失いました。なお爛熟期を迎えた18世紀ヴェネツィア文化の親密な小空間カジノやリドットと類似する概念は、男女の縺れた濃密さこそないかもしれませんが、18世紀日本にもあります。京都の仏光寺通りの小さな家の中に籠居《こもりい》して蕪村は「うづみ火や終には煮ゆる鍋のもの」と内向きに世界を煮込んでゆきます。洋の東西を問わず爛熟した都市空間は、ちょうど18世紀あたりに文化を煮込んでゆくものなのでしょうか。

鉄道の進歩に伴い海水浴がヨーロッパで盛んになるのも18世紀後半からです。リド島はヴェネツィア国際映画祭でも有名です。トーマス・マン『ヴェニスに死す』（1912年）のルキノ・ヴィスコンティによる映画では、老作曲家が美少年を求め退廃的なヴェネツィアを彷徨います。若づくりの白い化粧をした老人が、美少年を見ながら死んでゆくのがリド海水浴の浜ではなかったでしょうか。化粧は汗と涙で醜く崩れ落ちてゆきます。

サン・ミケーレ島

糸杉に囲まれた墓場の島です。1807年ナポレオン占領下に、近代化の政策として衛生上の理由から居住区から離れた場所に墓地を造る際に、ヴェネツィア本島の北側のこの島が選ばれました。元来は2つの島だったのが、その間の狭い運河を1836年に埋め立ててひとつの島とさ

トルチェッロ島

同島のサンタ・マリア・アッスンタ教会

れました（ヴェネツィアの特徴のひとつに隔離の容易性があります。ガラス工房のムラーノ島、ユダヤ人を集めた島、過去にはハンセン氏病患者収容のサン・ラザロ島などの事例があります）。この島には作曲家イーゴリ・ストラヴィンスキーや詩人エズラ・パウンド、また緒方洪庵の五男の緒方惟直の墓などがあります。1837年に欧州初の日本語語学校であるヴェネツィア商業高等学校日本語科ができました。その第2代目教師として赴任したのが惟直で、彼の地で結婚し娘もできましたが、25歳の春に病没しこの島に眠ります。

ムラーノ島

ヴェネツィア本島の北東に位置する、ガラス工芸で有名な島です。その起源は正確には分かりませんが、7～8世紀頃とされます。その後、東方からガラス技術を取り入れ発展させました。そもそもラグーナに浮かぶ島々であるヴェネツィアには資源がありません。ガラスを作る原材料も、大量に必要な燃料もなく、技術があるのみです。この技術が他国に漏れないように、また工房からの火事で都市が延焼することもおそれて、1291年にヴェネツィアの全てのガラス工房およびその家族や販売者をムラーノ島に強制移住させました。島であるからこそこのような政策も容易でした。逃げる者には厳罰を与え、功績のある者には褒賞で報いる保護政策をとりました。ヴェネツィアが栄えるルネサンス時代とそれ以降、ヨーロッパをはじめ世界で高く評価され、現在に至ります。

ガラスの歴史はもちろんはるか昔の古代エジプトやメソポタミアにさかのぼります。ヘレニズム時代のアレクサンドリアも豪奢なガラスで有名です。中世ヨーロッパでも多く制作されましたが、特にヴェネツィアのガラス技術は高かったのです。ガラスは、非晶質つまりアモルフィス（無定形物質）で非平衡な準安定状態にあります。理工学が分からなくてもその不思議に誰もが魅了される物質ですが、時間的・空間的に不純で不安で、透明でかつ艶やかな色が施された輝きが、水の上に浮いたガラスの島で作られることにヴェネツィア・ガラスの魅力があります。

第6章　フィレンツェとその周辺

1．フィレンツェ歴史地区（地図の❹）

トスカナ州都フィレンツェは、メディチ家の庇護により、ルネサンス芸術文化の中核として無数の傑作を世界に送り出すとともに、そのコレクションを擁し、歴史的な町並みが広範囲かつ集中的に保存されています。1982年に世界遺産に登録されています。

フィレンツェ（古代名フロレンティア）は、リグリア海に注ぐアルノ川を川口から80キロほど遡ったところにある、エトルリア起源で、ローマ化した都市です。現在でも中心部には直交道路と矩形の都市計画が残っています。神聖ローマ帝国皇帝の支配を経て、12世紀に自治都市（コムーネ）となりました。国際交易の発展により、都市は豊かになり、織物業とともに金融業も発展していきました。13世紀末には西側の主要国のひとつとなり、都市は拡大しました。14世紀には人口12万人となり、その頃から銀行業で成功したメディチ家のコジモが台頭し、芸術文化振興に乗り出します。コジモの孫ロレンツォの時期にルネッサンスは最高潮を迎えることとなりました。

ミケランジェロ広場

アルノ川の南の丘の斜面にある広場で、フィレンツェの展望台として知られています。ここからは、アルノ川、それにかかるヴェッキオ橋、対岸の花のドゥオモ、ヴェッキオ宮殿、シニョリーア広場、ルネサンス絵画の殿堂 ウフィツィ美術館、さらにサンタ・クローチェ教会などフィレンツェの主な文化遺産のほとんどを見渡すことができます。

サン・ミニアート・アル・モンテ教会

ミケランジェロ広場の南にある、聖ミニアートに捧げられた小ぶりなロマネスク様式の教会です。13世紀初めころに完成しました。ファサードの処理は平面的で色彩豊かな装飾性を示しています。

ドゥオーモ

サンタ・マリア・デル・フィオーレ大聖堂（花の聖マリア）が正式な名称で、フィレンツェの象徴的な存在です。13世紀末に建築開始され、完成したのは15世紀です。ゴシック様式のバシリカ式聖堂です。ブルネレスキによる内径48メートルの八角形ドーム架構は、パンテオンなどのドーム研究によって1436年に完成しました。ドゥオモの前には、12世紀の八角形の洗礼堂があります。1401年の青銅扉のコンクールにより注文を勝ち取ったギベルティの『天国の扉』もここに取り付けられています。ルネサンス美術の到来を告げる作品です。ドゥオモの入口の南には「ジョットの鐘楼」があります。

シニョリア広場

もともとローマ時代の広場であり、引き続きルネサンス期にもフィレンツェの政治経済の中心となりました。13世紀にL字プランが完成し、14世紀に舗装されました。広場に面して市庁舎ヴェッキオ宮殿、ロッジャ・ランツィなどの公共建築が作られました。

ヴェッキオ宮殿

14世紀初めにフィレンツェの政庁舎として建築された3層構造のロマネスク様式の石造の建築物です。ブニャートという粗削りの切石が用いられ、堅牢な要塞のような印象を与えます。正面脇にはミケランジェロの『ダビデ像』のレプリカが置かれています。

ウフィツィ美術館

ジョルジョ・ヴァザーリの設計で1560年に着工し、1580年に完成したフィレンツェ共和国政府の政庁舎（オフィス）に由来します。メディチ家の美術コレクションのために改装され、美術館となっています。

南から望むフィレンツェの町

ドゥオーモ

ヴェッキオ宮殿

サンタ・マリア・ノヴェッラ教会

ピッティ宮殿

ボッティチェッリの間にはサンドロ・ボッティチェッリ作の『ヴィーナスの誕生』(1485年頃) や『春』(1482年頃) が展示されています。このようなルネサンス期における神話主題の復活は、メディチ家の新プラトン主義的なサークルの中で可能となりました。

ヴェッキオ橋

メディチ家邸宅であるピッティ宮殿と都市の中心部を結ぶ橋で、現在残る建築は14世紀のものです。中世から店舗が並んでいました。

サンタ・クローチェ教会

アルノルフォ・ディ・カンビオの設計で14世紀に完成したゴシック様式の教会です。八角形の角柱により身廊壁の尖頭アーチ列が支えられます。ジョットによるフレスコ画が、ペルッツィ礼拝堂およびバルディ家礼拝堂に描かれています。ミケランジェロの墓などがあります。

サンタ・クローチェ教会の北にサン・マルコ美術館 (修道院)、ミケランジェロの『ダヴィデ像』のあるアカデミア美術館、サンティッシマ・アヌンツィアータ教会などが集まる一画があります。

サン・マルコ修道院

15世紀にメディチ家のコジモにより建設開始されたドメニコ会修道院で、回廊の廻る中庭があり、修道院内には多くのフラ・アンジェリコ (1455年没) による宗教主題の壁画が残されています。

ピッティ宮殿

アルノ川の南岸に建つピッティ宮殿は、1458年当初ブルネレスキの設計による壮大なパラッツォ建築です。その後、数回の改築を経て18世紀ごろに現在の形となりました。3層構成で、ブニャート (粗石) の目立つルスティカ仕上げで、独特の外観を呈しています。現在は、2つの美術館と5つの博物館として公開されています。

ボーボリ庭園

ピッティ宮殿の背後に広がる広大な庭園 (45,000平方メートル) で、コジモ1世が、肺結核の妻の療養のために16世紀半ば造営したとされます。

サンタ・マリア・ノヴェッラ教会

1448～70年、レオン・バッティスタ・アルベルティが、ゴシック様式の聖堂正面をルネサンス様式にデザインし直しました。サント・ミニアト教会に似たトスカナのロマネスク様式を基本とし、色大理石を張りつめた平面的な構成ながら、正方形を基調としたプロポーションを意識した構成になっています。上部と下部を渦巻きでスムーズに連結しています。内部にある、遠近法を駆使して描かれたマサッチョの『聖三位一体』（1425～28年）のフレスコ画は特に有名です。

この教会の東にメディチ家縁の遺産があります。ミケランジェロによるルネサンスの傑作正方形プランでドームのかかったメディチ家礼拝堂(1521～34年)、ブルネレスキによるルネサンスのバシリカ式聖堂サン·ロレンツォ教会（1420年～)、3階建のルネサンス・パラッツォ建築の典型を示し、ルスティカ仕上げのメディチ·リッカルディ宮殿（1444～59年）です。

2．ピサのドゥオモ広場（地図の❻）

ピサは、アルノ川がリグリア海に注ぐ場所に位置し、ヴェネツィア、ジェノヴァ、アマルフィとともに海洋都市国家のひとつに数えられます。遅くとも前7～6世紀にエトルリア都市として誕生したピサは、すでに前6世紀にはフェニキア、ギリシア、ガリアなどと交易を開始していました。古代中世を通じ海運業で栄え、十字軍にも参加しました。ジェノヴァの台頭、アルノ川の流れの変更、マラリアの流行などにより、14世紀からしだいに衰退しました。この遺産は、ピサのはずれにある緑のドゥオモ広場に建つ白い大理石の洗礼堂、大聖堂、斜塔、カンポ・サントと呼ばれる墓地の建物からなっています。これらは11～13世紀の繁栄を象徴した建物群です。世界遺産に登録されたのは1987年

フィレンツェのヴェッキオ橋

ピサ大聖堂

洗礼堂

鐘　楼

カンポ・サント

です。特に鐘楼はピサの斜塔として有名です。

ピサのドゥオモ広場は、イタリア人小説家ダヌンツィオの命名で、ピアッツァ・ディ・ミラーコリ (奇跡の広場) などとも呼ばれます。

ピサ大聖堂

パレルモ沖でサラセン人を破った戦利品の財宝を資金として 1063 ～ 1118 年に建てられ、1261 ～ 72 年に拡張して完成されました。100 × 30 メートルの 5 廊式で袖廊は 3 廊分割されたバシリカ式聖堂です。側廊は石造天井で、その他は木造天井です。外装は赤白の大理石で化粧張りされています。西正面は 5 層構成で、最下層に 3 つの扉口が 7 つのアーチの連なったブランドアーケードの下に置かれます。上部の 4 層は細い円柱を並べた小アーケードが重ねられています。

全体として、色彩感にあふれ、レース細工のような華やかな装飾的効果は、この聖堂だけでなく、洗礼堂や鐘楼にも共通したもので、建築複合体全体に統一感をもたらしています。外装に繰り返されるロンバルディアバンドや内装のコリント式円柱、イスラム的な尖頭アーチ、ビザンティンモザイクなどの多様な要素が融合した様式です。交差部のドームは 14 世紀の後補です。内部の説教壇は、1260 年のニコラ・ピサーノの作品で、カンポ・サントのローマ石棺を研究した成果が人体表現に反映されています。

洗礼堂

大聖堂の西側に立つ直径約 35 メートルの円形の建物です。1153 年に着工、外壁下層はロマネスク的な半円アーチ列ですが、上半分には 13 世紀にゴシック的な尖頭アーチの破風が取り付けられました。ドームは 14 世紀に架けられました。

鐘　楼

1173 年に着工された円筒形の 8 層構造で、高さは 55 メートルです。建築途中すでに地盤沈下により傾きはじめたものの、そのまま工事を継続し 1350 年に完成しました。大聖堂、洗礼堂同様、1 層目はブラインドアーケードで、2～7層目は細い円柱で支えられた繊細な半円の小アーチ列が重ねられ、直径の狭い最上階の8層目には1層目より狭い幅のブラインドアーケードが置かれ、1つおきに窓が開けられています。このように上に行くほど縮小し遠近法的に高さを強調しています。

カンポ・サント

長方形の中庭の周囲に列柱廊を設けた1278～1464年の墓地建築です。外側外壁は半円アーチのブラインドアーケードで装飾され、中庭に向けて開いた窓は半円アーチの上部にトレーサリー装飾のあるめずらしい造りになっています。内部壁面に石棺が置かれ、床面に墓が設置されています。壁面には、中世に隆盛した図像である「死の勝利」を主題とした大規模な壁画が描かれています。

3．サン・ジミニャーノ歴史地区（地図の❼）

トスカーナ州シエナ県の小高い丘に位置する小都市で、中世の街並を残す地区が1990年に世界遺産に登録されました。2つの街道の合流地点である交通の要衝として、12～13世紀頃に最も繁栄しました。富と権力の象徴として多くの塔が建設されました。最盛時には72基の塔がありましたが、現存は14基のみ残っています。塔を含め中世の街がよく遺存しています。

サン・ジミニャーノはエトルリア起源の都市で、少なくとも前3世紀には存在が確認されますが、都市が発展するのは6世紀のロンゴバルドによるフランチジェーナ街道の建設以降です。都市の名前は、アッティラの襲撃からこの町を守ったという4世紀のモデナ司教聖ゲミアヌス（396年この地で没）に由来します。

1115年、新しい道路の開設により拍車がかかり、13世紀には特にサフランの栽培とその国内外への販売（フランス、オランダ、シリア、エジプトなど）により、最大の繁栄を誇ることになります。その結果、新

サン・ジミニャーノの遠景

立ち並ぶ塔

たな貴族階級が興隆し、教皇派と皇帝派の抗争により72基もの塔が競って建てられました。しかしながら、13世紀には内戦を繰り返し、1348年のペストの流行による人口減少に打撃を受け、ついに1351年には自治権をフィレンツェに渡すことになりました。

最も古い塔は1200年頃のロニョーザの塔で51メートルの高さです。一方最も高い塔はグロッサの塔で54メートルで1311年の建設です。その他、参事会教会の鐘楼、ベッチの塔、クニャネージの塔、ディアヴォロの塔、アルディンゲッリの双塔、キージの塔、サルヴィッチの双塔、ペッラーリ宮の塔、ペショリーニの塔の家、ペッティーニの塔、フィチェレッリの塔、カンパテッリの塔などが残っています。

塔は概ね正方形プランで、窓以外の装飾のほとんどない規則的な切石積です。中にはディアヴォロの塔のようにブニャートと呼ばれる浮き出し飾りのある切石や持ち送りを上部に使用した例外もあります。

4．シエナ歴史地区（地図の❿）

トスカナ地方のシエナは、フィレンツェの南約50キロの丘の上にあります。少なくともローマ時代にはすでに都市は存在し、ランゴバルドの時代にこの都市を通っていたフランスとの通商道路フランチェジーナ街道のお蔭で、金融業によって発展しました。12世紀には自治都市となって共和政を採用し、13～14世紀半ばに最繁栄期を迎えました。金融業などでフィレンツェとは常に競合関係にありましたが、最終的に敗北し、14世紀半ば以降猛威を振るった黒死病の流行により衰退しました。1995年に登録された世界遺産の多くは繁栄期のものです。カンポ広場を中心にして発展したゴシックの街並みに大きな特徴があります。今でも扇型のカンポ広場で繰り広げられる地区対抗の競馬パリオ祭に、生きた歴史を感じることができます。12世紀に建設の始まったドゥオモ、13～15世紀に建設されたサン·ドメニコ教会などが主な遺産です。

カンポ広場

ローマ時代の市場に起源をもつ扇型に広がったプランの広場です。すでにローマ時代に要の部分が低く掘られ、そこに排水口が作られて水はけが良い構造に改修されています。12 世紀後半から家畜や穀物の市場としてだけでなく、税関や造幣所が作られ、フランチェジーナ街道の一部であるゴヴェルノ・ヴェッキオ通りを通じての商業活動を支えました。13 世紀以降この場が都市の中枢機能を担う場として、税関と造幣所の場所に市庁舎が建てられ、1333 年には広場は煉瓦により舗装され、1334 年に公共の井戸が設けられました。

パラッツォ・プッブリコ（市庁舎）

1298 ～ 1310 年シエナ共和国政府の建物として建設されました。煉瓦造りの 4 層構成で、窓上部の尖頭アーチやトリフォリウム飾りに白大理石が使用されています。市庁舎内部にはアンブロジョ・ロレンツェッティによる『善政の効果』（1338 ～ 39 年）などのフレスコ壁画の中に活き活きとしたシエナの情景を描き出し、自治都市の繁栄を賛美しています。付属する鐘楼（マンジャの塔）は 102 メートルの高さで、中世の塔としてはイタリアで最も高い塔となっています。

パリオ

このカンポ広場を舞台に年に 2 回（7 月 2 日と 8 月 16 日）行われているのが、パリオ祭です。シエナの 17 の地区（コントラーダ）による競馬です。凝灰岩の粉末が敷き詰められた狭い広場を 3 周して優勝が決定されます。開催期間中は、かたつむりや塔などの名前の各コントラーダの成員は、時代の衣装を着用して、その印のついた旗を振り回して行列を繰り広げ、雰囲気を盛り上げます。

シエナ大聖堂（サンタ・マリア・アッスンタ聖堂）

12 世紀半ばから 14 世紀半ばにかけて建設されたロマネスク・ゴシック様式です。白と灰色の横縞模様の華やかな外装です。もともと市の中心であったカステル・ヴェッキオの丘の上にあった司教館の地に建てられました。1339年の拡張計画により正面壁体と東側廊が作られましたが、1355年、計画は放棄されました。三廊式で広い交差部には六角形ドームがかかっています。西正面はフランスのレイヨナン式ゴシックの影響を受けています。下層の3つの扉口はジョヴァンニ・ピサーノによる彫刻で装飾されています。上層は計画変更により、バラ窓の両脇の付柱は途中から立ち上がって下層との連続性が絶たれています。内装は白と灰色の大理石の壁体、壁画装飾の施された天井（リブ・ヴォールト）、床モザイクと色彩豊かです。

サン・ドメニコ聖堂

シエーナに1220年に到来したドメニコ会修道士により13世紀から建てられ、1465年に完成した単身廊のゴシック様式の教会です。ドメニコ会の修道女として活躍した、イタリアの守護聖人でもある聖カテリーナ（1347年頃～1380年）の頭部が納められたヴォルテ礼拝堂などが重要です。

5．ラヴェンナの初期キリスト教建築物群（地図の⑯）

エミリア＝ロマーニャ州ラヴェンナにある、5世紀初頭から6世紀末に建設された初期キリスト教の聖堂・礼拝堂を対象として、1996年に登録されました。

ラヴェンナは、ローマ時代の軍港クラシス港を擁し、ローマ海軍の重要な基地として発達しました。402年、ホノリウス帝は首都をミラノからラヴェンナに移し、453年いったん首都はローマに戻りますが、476年の西ローマ帝国滅亡後、ゲルマン人オドアケルはラヴェンナからイタリア統治を行います。486年東ゴート王テオドリクスが東ローマ帝国に委任されてイタリアに侵入し、493年イタリアを征服します。テオドリクス王のもと、東ゴート王国の首都としてラヴェンナは繁栄を見ます。テオドリクス没後、540年に東ローマ帝国がラヴェンナを征服し、総督

シエナのカンポ広場

シエナ大聖堂（サンタ・マリア・アッスンタ聖堂）

ラヴェンナのガッラ・プラキディア廟堂

サンタポリナーレ・ヌオヴォ聖堂

府を置いてイタリア統治の拠点にしました。751年にロンゴバルドにより陥落するまで、ラヴェンナは繁栄を享受します。

現在残る聖堂の建設時期は以下の3期に分けられます：（第1期）5世紀初めの西ローマ帝国の皇妹皇母ガッラ・プラキディアの時代；（第2期）5世紀末～6世紀前半の東ゴート王国の王テオドリクス時代；（第3期）6世紀半ばの東ローマ皇帝ユスティニアヌス時代のラヴェンナ司教マクシミアヌス（546～556年）の建設と司教アグネルス（557～570年）のアリウス派聖堂改修、です。8世紀末には急速に衰退したため、繁栄の時期の建築物が良好に保存されることとなりました。歴史的な在り方を反映して、ラヴェンナの文化遺産には次のような特徴が認められます。すなわち、ローマの伝統とビザンツの伝統が混在する建築様式と宗教的な場面を描くモザイクです。市街7、クラッセ1の計8遺産により構成されています。

ガッラ・プラキディア（ガッラ・プラチーディア）**廟堂**

424年頃、サンタ・クローチェ聖堂の隣に、皇女ガッラ・プラキディアによって建設された彼女の霊廟とされます。ミラノの殉教者礼拝堂に似た、やや腕の伸びた十字形プランの小建築です。腕の部分にはトンネル・ヴォールトがかかり、交差部中央にはペンデンティヴ・ドームが架けられています。プラン、煉瓦積の壁体、ブラインド・アーケードと古典的コーニスの外装デザインはミラノの工房によるものと考える根拠となっています。内装は宮廷美術的な豪華さを誇っています。すなわち上部にはガラスモザイク、下部に大理石の羽目板を使用しています。天井モザイクは濃紺地の中央に金の十字架を、その周囲に数多くの星をちりばめ、神の顕現を表現します。また内部半月形の奥壁にローマの殉教聖人ラウレンティウスの殉教場面が、入口上部には羊飼いとしてのキリストが選択されています。内部には3つの石棺が置かれて、ガラ・プラキディア、夫コンスタンティウス3世、兄ホノリウスという説もあります。実際には彼女は450年にローマで没し、サン・ピエトロに葬られたと考えるほうが自然であると言えます。

大聖堂付属（正統派）洗礼堂

5世紀初め、司教ウルススと次代の司教ネオンにより、バシリカ・ウルシアーナの付属洗礼堂として建設されました。下層は正方形プランの四隅に半円形のアプシスを作り、内部を八角形としますが、上部は内外とも八角形プランとなっています。内部壁面は1・2層とも8組の円柱で支えられたアーチにより支持されますが、2層では各アーチはさらに3分割され、中央には窓が開けられています。2層目アーチ上部はストゥッコ細工（飾り漆喰）で装飾され、アーチより上の壁面およびヴォールト天井はモザイク装飾がされています。ヴォールト天井は、西ローマの伝統による中空円筒煉瓦を使用した軽い造りです。一方、中央ドームのモザイク装飾の主題であるキリストの洗礼場面に現れるヨルダン川の擬人像や、ストゥッコ細工のアカンサスの様式は東方起源のものです。

サンタポリナーレ・ヌオヴォ聖堂

490年頃アリウス派のテオドリクス王によって、宮廷礼拝堂として建設され、60年後、正統派として補修改変され、聖マルティアヌスに捧げられた三廊式バシリカです。アプシスのヴォールトには中空円筒煉瓦を使用する西方的な工法が採用されます。一方、内側円形外側多角形のアプシスのプラン、コンスタンティノポリスから輸入された身廊アーケードのコリント式柱頭、外壁、プロポーション、同じ明るさの身廊と側廊、モザイク配置の原則などは東方的な要素です。アプシスは失われていますが、身廊壁は上下3段に分割されモザイク装飾されています。上段はキリスト奇跡譚と受難伝13面ずつ、中段は預言者と使徒、下段にはアプシス方向へ向かう行列が描かれますが、南はマルティアヌスを先頭とする26人の男性聖人の行列がテオドリクスの宮廷からキリストへ向かい、北では3人のマギに先導された22人の女性聖人の行列がクラシス港を出発しマリアと幼児キリストへと向かいます。

アリウス派洗礼堂

テオドリクス廟

アリウス派洗礼堂

正統派洗礼堂をモデルに、50年後、テオドリクス王により建設された、アリウス派のゴート人のための洗礼堂です。内外とも八角形プランで、２層目は１層目より小さくなっています。１層目の８面の壁面にはひとつ置きにアプシスが付けられています。ヴォールト中央のモザイクはキリストの洗礼で、その周囲には十二使徒の行列が放射線状に配置され、正統派洗礼堂と似た配置になっていますが、輪郭線が明確化し平面的で動きのない様式となっています。

大司教館礼拝堂

テオドリクス時代のラヴェンナ司教ペトルス２世によって、バシリカ・ウルシアーナに隣接する司教宮殿内部に建てられた礼拝堂です。ヴォールト天井や壁面上部にモザイク装飾がされます。

テオドリクス廟

テオドリクス（526年没）の霊廟です。１層外側は十二角形プランで、内側は十字形プ、２層目も十二角形、リングとドームは円形プランとなっています。イストリア産石灰岩の切石による組積構造で、ドームは巨大な一枚岩で出来ています。霊廟の内部に紫斑岩石棺が残っています。

サン・ヴィターレ聖堂

526年エクレシウスが起工し、司教マクシミアヌス（546～556年）がモザイク装飾も含めて完成させた集中式聖堂です。内外ともに八角形プランで、１カ所アプシスを張り出しプレズビテリウムとしています。また内側に八葉形を内包しています。円柱と柱身はマルマラ海の工房の作です。多くの点でコンスタンティノポリスの同時代の聖セルギオス・バッコス聖堂を模倣しますが、中空円筒煉瓦を使用したヴォールト天井は西ローマの伝統です。モザイクや大理石といった高級な材料を使用した、プレズビテリウムの別格化が特筆すべき点です。プレズビテリウムのモザイクは、ユダヤ族長、律法と予言者、キリストの時代を対比させた、予型論にもとづく一貫したプログラムとなっています。アプシスには世界を支配するキリストに殉教者ウィタリスと献堂者エクレシウスが近づき、奉献者皇帝ユスティニアヌス1世と皇后テオドラが腰壁に登場し、奉献のテーマが強調されています。

サンタポリナーレ・イン・クラッセ聖堂

549年、ラヴェンナ司教マクシミアヌスによって、当時のラヴェンナの外港クラッシスに建設された三廊式バシリカ式聖堂です。出資者はサン・ヴィターレと同様に銀行家ユリアヌス・アルゲンタリウスです。広々した明るい空間、輸入大理石の円柱と「突風式」柱頭、インポスト使用など首都コンスタンティノポリスの影響が強く出ています。壁面のモザイクは失われていますが、「キリストの変容」を主題とする美しいアプシス・モザイクが残っています。

6．モデナの大聖堂、トッレ・チヴィカ及びグランデ広場

（地図の㉒）

エミリア・ロマーニャ州モデナ県都のモデナ大聖堂はロマネスクとゴシックの2つの様式が融合する傑作であり、市民の塔、グランデ広場と一体となって、中世イタリアの自由都市における信仰と結びついた市民生活を伝える優れた例として、1997年に世界遺産に登録されています。

モデナの大聖堂

モデナはエトルリア起源の都市で、前183年にローマ植民都市となりました。4世紀のモデナ司教でモデナの守護聖人である聖ゲミアヌス（サン・ジミニャーノ）はローマの元老院階級出身とみなされています。ローマ時代の城壁の外に埋葬された彼の墓の上に大聖堂は建てられています。1099年ランフランコの設計により建設が開始され、12世紀に完成しました。聖堂は基本的にロマネスク様式で、袖廊のない三廊式バシリカです。平面は66.9×24.7メートルです。内部の高い位置に長老席が設けられ、下に聖人の遺骨を納めたクリプタ（地下納骨堂）が作られ

ています。身廊天井は当初木造でしたが、15 世紀には交差ヴォールトに改修されています。円柱と複合角柱が交互に身廊アーケードを支えています。1167 年以降、聖堂の彫刻装飾はおそらくプロヴァンス出身のアンセルモ・ダ・カンピオーネとその後 2 世代にわたる後継者たちに任されました。初期キリスト教石棺の影響も感じられる正確な線による頑丈な人体表現に特徴があります。ファサード中央扉とバラ窓と屋根の上の天使像、第 2 のファサードである「王の扉口」、内部の長老席に身廊を横切るように高く掲げられた独特のポンティレ（橋桁）などに彼らの作品が認められます。一方、その他のファサード彫刻やクリプタを支える 60 本の柱はグリエルモ・ダ・モデナによるレリーフで装飾されています。

トッレ・チヴィカ（市民の塔）

別名ギルランディーナ（風向計の花冠ギルランダから）とも呼ばれるこの塔は、モデナ大聖堂に隣接する鐘楼です。金庫としても機能していました。高さ 86.12 メートルの塔の上からは市の周囲を一望でき、古くからモデナの主要なランドマークになっています。1179 年に矩形プランで 5 層構造の塔がいったん完成します。各階の半円アーチの窓の数が 0 から 3 まで増えていく（4 階と 5 階は 3 つ）というロマネスク様式の塔です。その後 13 ～ 15 世紀にさらにゴシック様式の八角形の塔と尖塔が上に継ぎ足されました。

グランデ広場（大広場）

L 字形プランの広場で、北面と東面に 1194 年に建設された市庁舎があります。その前方に、プレダ・リンガドーラという 3 メートルほどのベンチ状の大理石の板が置かれ、中世の演壇として機能し、またそこで死刑執行の判決が読み上げられ、かつそこに死体がさらされていました。広場のかつて大司教館で、現在の古文書館の裏側があります。南面には銀行が入っている近代的な建物がありますが、広場に面した他の古い建造物群に配慮したデザインになっています。

モデナの大聖堂

トッレ・チヴィカ（市民の塔）

ウルヴィーノのドゥカーレ宮殿

7．ウルビーノ歴史地区（図の㉙）

マルケ州ペーザロ・エ・ウルビーノ県都のひとつで、ルネサンス時代の街並みが広範囲に残っており、1998年に世界遺産に登録されました。山間の小都市でありながら、中世にはウルビーノ公国の首府であって、ルネサンス期にモンテフェルトロ家の下で最盛期を迎えました。ラファエッロの生誕地であるだけでなく、領主の熱心な文化擁護策により、多くの芸術家や人文主義者が集まり、ヨーロッパ全体に影響を与えることとなりました。

ウルビーノは前3～2世紀にローマ要塞として開始し、南北に細長い城壁で囲まれた都市内には直交道路（デクマヌスとカルド）が作られていました。その後11世紀から都市は拡張し、15世紀半ばにフェデリーコ・ダ・モンテフェルトロ公により都市の再建が行われました。このとき、レオナルド・ダ・ヴィンチのデザインによる城壁が巡らされました。古代の南北道路（カルド）はリナシメント広場に、東西道路（デクマヌス）はドゥーカ・フェデリーコ広場に拡大されています。その交差する町の中心部分に、都市の規模に対して巨大なドゥカーレ宮殿、カテドラル、サン・ドメニコ聖堂が集中して、ルネサンス様式で建てられています。16世紀以降停滞したため、15世紀の繁栄の状態がそのまま残されました。

ドゥカーレ宮殿

1444年建築開始し、1482年完成したフェデリーコ公の宮殿です。西正面のファサード両側には2本の細い塔が建てられ、上下に重なる3つのロッジャ（バルコニー）を挟んでいます。煉瓦積で、白い石の窓枠と上2つのロッジャに使用されて唯一の装飾的要素となっています。リナシメント広場に面した外観から2つの中世の建物が連結されたことがわかります。厳格な外観に対し、内装はより装飾的に壁画や彫刻で飾られています。現在は国立マルケ美術館として一般公開されており、ラファエロの『沈黙する女』、ピエロ・デラ・フランチェスカの『セニガリアの聖母』『キリストの鞭刑』など、ルネッサンス絵画の傑作のコレクションが展示されています。

ドゥオーモ

ドゥカーレ宮殿の北側に建つのは、地震の後、18 世紀末に改修された大聖堂（ドゥオーモ）です。フェデリーコ・バロッチによる『最後の晩餐』が描かれています。

サン・ドメニコ聖堂

ドゥカーレ宮殿の東側にあり、おもに 13 世紀の構造ですが、正面の門がルネサンス期に付加されました。そこに取り付けられた張出ポーチはルカ・デッラ・ロッビアの作品です。

サン・フランチェスコ聖堂

ドゥカーレ宮殿 14 世紀の建築ですが、18 世紀に再設計されています。

ラファエロの生家

ラファエロ（1483 ～ 1520 年）が 14 歳まで過ごした、14 世紀の住宅です。初期のフレスコ画の代表作『聖母子像』を見ることができます。

8. アッシージ、聖フランチェスコ聖堂と関連遺跡群（地図の㉞）

アッシージはウンブリア州ペルージャ県の小都市です。フランシスコ会の創立者フランチェスコにゆかりの聖堂があり巡礼者を集めてきました。モンテスバジオ丘陵の城塞都市とその周辺地域が、2000 年に世界遺産に登録されました。

アッシージは前 9 世紀頃のウンブリ人の集落に起源を持つ都市で、前 5 世紀にはエトルリア人のものとなり、次いで前 4 世紀にローマ化しました。城壁、広場、ミネルヴァ神殿、競技場などを備えるローマ都市として発展していました。ゴート人、ロンゴバルド人、ビザンツ人、スポレート公国、皇帝領など目まぐるしく支配者は変わりました。1000年頃から、ギベリン（皇帝）党のコムーネ（自治都市）として、絶えずグエルフィ（教皇）党のペルージャと抗争しつつ、勢力を増していきました。シエナの聖人カタリナとともにイタリアの守護聖人であるアッシージの聖フランチェスコ（1182～1226年）も、このような抗争の時代にペルージャ戦で捕虜となり、また、プーリア出征の際の改心を経て、宗教活動へ入っていきました。清貧を実践し、万物兄弟の思想をもって宣教活動を行う修道会を設立しました。また人口増大により、1260年と1316年に新しい城壁が作られて都市の拡張がなされました。聖フランチェスコ聖堂やサンタ・キァーラ修道院もこの頃、新旧の城壁の間に作られています。

聖フランチェスコ大聖堂

フランチェスコは、死後列聖され、すぐにこの聖堂の建築が開始しました。聖堂は2層あり、下堂は1228～30年に建てられ、聖人の遺骸が移されました。上堂は1230～53年に建てられています。建築当時の姿をほぼ留めています。多くのフレスコ画が残されています。1997年の地震で大被害が出たものの、ほぼ旧状に復しています。

先に作られた下堂は半円アーチ列の並ぶロマネスク様式であり、後の上堂部分は尖頭アーチや交差リブ・ヴォールトを使用したゴシック様式を示し、異なる様式となっています。聖堂内にはチマブーエ、ジョット、シモーネ・マルティーニなどの画家によるフレスコ画が多数描かれています。特に上堂内部は、フィレンツェ派のゴシック絵画最大の画家ジョット・ディ・ボンドーネによる聖人フランチェスコの生涯の28の場面を描いた初期作品の代表的なフレスコ画が描かれています。

サンタ・キァーラ修道院

聖フランチェスコの女弟子キァーラ（1193/4～1253年）の設立した女子修道会「貧しきキアーラ」のゴシック様式の聖堂で、1257～1265年に完成しました。大きく横に張り出した3本の飛び梁が特徴的な外観

アッシジ遠望

聖フランチェスコ大聖堂

サンタ・キァーラ修道院

ポルツィウンコラ

を示しています。ファサードは3層構成で、1段目に唯一の扉口、2段目にバラ窓、3段目の三角破風の中央にはオクルス（丸窓）があけられています。外装にはピンクと白の石材を使っています。内部天井は交差リブ・ヴォールトになっており、修道院地下クリプタには聖キァーラの遺骸が納められています。

ポルツィウンコラ

聖フランチェスコが亡くなった場所です。1300年代にスバシオ山の石材で建設された、小アプシスを持つ矩形の小さな部屋（4×7メートル）で、近年コッチョペスト（砕いた土器片を固めた床面）の粗末な床面が発見されました。16～17世紀にサンタ・マリア・デリ・アンジェリ聖堂によってすっぽり覆われています。

第７章　イタリア北部

1．レオナルド・ダ・ヴィンチの『最後の晩餐』があるサンタ・マリア・デッレ・グラツィエ教会とドメニコ会修道院（地図の❷）

1980年に世界遺産に登録されました。

『最後の晩餐』は1495～97年にレオナルド・ダ・ヴィンチがミラノ公ルドヴィーコ・スフォルツァの命を受けて、サンタ・マリア・デッレ・グラツィエ修道院の食堂の壁画として描いた、4×9メートルの巨大なテンペラ画です。

最後の晩餐は聖餐式の制定として重要な意味を持つ場面であり、四福音書全てに記述されています。しかしここでは特にキリストによるユダの裏切りの示唆とそれに対する弟子たちの動揺の瞬間に焦点を当てて表現しています。そのために、現実の空間との連続性を意識した、一点透視図法を利用した統一感ある空間の表現はぜひとも必要なことでした。そのために、消失点をキリストの口に置き、テーブルの縁や魚料理、壁に掛けられたタペストリ、天井の格間に至るまで、全てが消失点へ向かう一貫した空間が構成されています。このように聖書の中の教義的な内容が、一回限りの歴史的事件として表現されることになりました。

サンタ・マリア・デッレ・グラツィエ教会は、G・ソラーリの身廊部（1465～82年）にブラマンテが交差部以東の部分（1485～1497年）を継ぎ足して完成しました。交差部には直径20メートルのペンデンティヴドームを架け袖廊には半円アプシスを付けた、広々と明快な空間を作り出しています。付属する修道院にも回廊と食堂を付設しました。

サンタ・マリア・デッレ・グラツィエ教会

教会のドーム

2．ヴィチェンツァ市街とヴェネト地方のパッラーディオ様式の邸宅群（地図の❾）

ヴェネト地方

かつてヴェネツィア共和国が支配した本土の地域です。本来ヴェネツィアは、本土から海の中の潟へと避難した人びとによって作られた都市です。建築資材や食料は依拠しましたが本土はあくまで後背地で、ヴェネツィアの対外活動のベクトルは海へと向かい、東方との交易が富と力の源泉でした。

しかし15世紀に状況が変わります。オスマン帝国の脅威に直面したヴェネツィアは新たな活路を求め従来背を向けていた本土へ進出します。同世紀末にはアメリカやインド航路が「発見」され世界経済の中心としての東地中海、ヴェネツィアの地位が根底から崩れます。

こうして北イタリアの本土経営がヴェネツィア延命に必須となり、諸都市を支配下に置き農業開発を進め河川や運河を整備しました。多くのヴィッラは農業経営の拠点でした。ヴェネト地方の多くの都市広場にはヴェネツィアの獅子が置かれ、城壁や城門にもしばしば有翼の獅子像が表され、その支配を端的に領会させます。

ヴィチェンツァの歴史

市近郊からは旧石器時代中期から青銅器時代の遺構が発見されています。この地のエウガネイ人は前4～3世紀にガリアから来たウェネティ人によって征服されます。前157年にはローマ人がこの地を征服し、ウィケティ（「勝利」の意）という名の都市を創ります。前89年にはラテン市民権、前49年にはローマ市民権を得て、特にメディオラヌム（ミラノ）とアクイレイアを結ぶ宿駅として栄えました。500×560メートルほどの矩形のローマ都市は、一辺60メートルほどの正方形の街区からなる格子状街路網を有します。19世紀末に破壊されましたが、パッラーディオの図面からアウグストゥス時代と推定される2つの橋もありました。都市の北郊外には水道橋が、南郊外にはローマ劇場が残りますが、これに関してもパッラーディオが図面を残しています。西ローマ帝国崩壊後は、東ゴート王国、ランゴバルト、フランク王国、スカリージェリ家の支配下に入りました。

12世紀頃までには自治権を有するコムーネの地位は確立しましたが、ヴィチェンツァは有力勢力間の境界の都市でした。西隣ヴェローナが本拠のスカラ一族と、東隣パドヴァが本拠のカッラーラ家の対立抗争においては、どちらかの支配下に繰返し置かれています。スカラ一族没落後は、西のミラノ公国と東のヴェネツィア共和国の境界の地となります。1404年ヴェネツィアがヴェローナまでの地域を支配するにいたり、その宗主権の下で一定の自治を認められた自治都市として安定した状態に置かれ、多くの邸宅が造られました。

しかし強い外部勢力間の境界に位置するがゆえに基本的に不安定な状態にあったこの都市の有力な家々は、それぞれに外部勢力との繋がりを求め維持することに腐心しました。この都市は実質は外部勢力の手先の貴族たちにより構成されており、都市としての政治的連帯意識は希薄でした。彼らの紐帯は物理的空間としての都市空間であり、たとえ反目してもこの都市を保持していくことであり、ゆえに表向きは礼儀正しい社交とそのための都市空間が重要でした。多目的大空間の公共建築であるバシリカ、そして多くのパラッツォが都市に造られた理由です。またあくまで地方の小都市であり、裕福な名家は多くありましたが宮廷はありませんでした。だが、それゆえに社会階級に大きな断絶のないことが、逆に諸名家による数々のパラッツォやヴィッラを生み出しました。

アンドレア・パッラーディオ

後期ルネサンスの代表的建築家で1508年にパドヴァで生まれ1580年にヴィチェンツァで亡くなりました。古代ローマ建築を研究し復古様式を創りあげ、荘厳でシンメトリカルな建築を多く造りました。公共建築、宗教建築も手がけましたが、特に邸宅を多く設計しました。代表作はヴェネツィアのサン・ジョルジョ・マッジョーレ教会やイル・レデントーレ教会、ヴィチェンツァのテアトロ・オリンピコと多くのパラッツォやヴィッラで、『建築四書』を出版しました*。

彼以前には、彫刻家や画家が建築をも造りましたが、彼は建築のみに従事した点で最初の専業建築家とよく呼ばれます。つまりアルベルティやダ・ヴィンチのような諸学全般に秀でたウオモ・ウニヴェルサーレではなく、建築という一学科においてのみ秀でた部分的ウマニスタで、現代の専門家の先駆です。また建築史の大半を神殿が占める古代ギリシア以来、従来の建築家の多くは、特にルネサンス時代建築家は、宗教建築を造ることで名を成しました。しかしパッラーディオは、住宅という世俗建築の極みで名を成した初めての建築家であり、ゆえに最初の住宅建築家とも呼ばれます。さらに彼が活躍したヴェネト地方は、ローマやフィレンツェのような一大中心でなく、その外の地域でした。ここではティツィアーノやティントレットなどが同時代人として活躍しましたが、パッラーディオも同様に黄金期ヴェネツィア文化圏の豪奢な色光彩の藝術家なのです。もしも単なる古代建築の衒学的引用による復興様式だったならば、その建築はかくも同時代・後代に愛されることはなかったでしょう。それがヴェネトの産で、ゆえにビザンティン的幻想の混じったヴェネツィア的官能と輝きがあったからこそ、古今東西の人間を魅了したのです。その古代復興は、古代という引出しから宝物を取出して単に並べたのではなく、彼の才と感覚によりみごとに展開されたものでした。その排列と比率は屈託のないほど明るく、人びとが愛好したのです。その点で彼は、ヘレニズム時代に明瞭に比率に則り神殿を設計して理論書を著した建築家ヘルモゲネスに連なります。そしてルネサンス最

＊日本語の参考文献としては福田晴虔『パッラーディオ』(1979)や長尾重武『パッラディオへの招待』(1994) などがある。

シニョーリ広場と広場に立つパッラーディオの像

アンドレア・パッラーディオ通りから城門を見る

初の建築家ブルネレスキ、「万能人」アルベルティ、古代復興に努めたブラマンテ、ダ・ヴィンチと並ぶ「万能人」ミケランジェロなどの偉大な建築家の系列に、建築の専門家として連なります。古代に習ったルネサンスの建築の機能的・美的総決算がパッラーディオでした。

『建築四書』の執筆は長らく企画されていたもので、何回かの予告後に1570年に公刊されました。4部からなり、第一書は建築素材やオーダーなどの総論、第二書は住宅建築、第三書は街路・橋・公共建築・広場などの都市を扱っています（なお、第一書冒頭に、住宅、公共建築、神殿、劇場、円形闘技場、アーチ、浴場、水道、市壁と港湾といった順序で扱うのが良いとあります。このうち劇場以下の項目は書かれていませんが、執筆意図はあったようです）。ウィトルウィウスの『建築十書』と大きく異なることは、図版が多く、文章よりも主体であることですが、これこそが彼をして最も模倣される、すなわち影響力のある建築家としたのです。

彼のスタイルはパッラーディオ様式と呼称されますが、建築家個人の名をとって様式概念とすることは他に例がありません。18～19世紀にはこの様式が世界各地で模倣されました。フランスさらにイギリスへはもちろん、18～19世紀のアメリカにも伝播しました。有名な事例は初代大統領ワシントンが造らせたホワイトハウスや第3代大統領ジェファーソンのモンティチェッロの邸宅で、後者は世界遺産です。要するに、シンメトリーでペディメントを戴き片蓋柱を有する建物は全てパッラーディオの影響下にあるとも言えます。さらにパッラーディオ様式は、お雇い外国人コンドルを通じて明治時代日本の西洋建築にも影響を認めることができます。野口孫市の『大阪図書館』などです。つまりヨーロッパを震源として、アメリカと日本は文化の併行関係にありました。なお、その現象はパッラーディオ様式においてだけではありません。たとえば18世紀にパリ、ロンドンで覗眼鏡が流行りますが、シャンゼリゼに住む駐フランス公使だったジェファーソンも買い求め、上記パッラーディオ様式の邸宅で愛用しました。これより早くに日本でも、覗眼鏡を試す江戸遊女の浮世絵を鈴木春信は描いているのです。

パッラーディオの建築が最も多く残る街がヴィチェンツァです。古代ローマから中世の街並みの中にルネサンス建築が実現されており、1994年に「ヴィチェンツァ市街とヴェネト地方のパッラーディオ様式の邸宅群」として世界遺産に登録されました。

パラッツォとヴィッラ

都市にあるのがパラツォで、邸館あるいは宮廷のある宮殿であり、公的空間のための建築です。ヴィッラは田園にある私的空間です。ただし都市から解放されて寛ぐ場ではなく、古代ローマのヴィッラのように、生産拠点、特に農業経営のための施設でした。ヴェネト都市の市民の多くは農地をもつ地主でしたが、その農地に構えたのがヴィッラでした。農地は都市に対する鄙（片田舎）ではなく、経済的利益と文化がある田園で、その中心がヴィッラでした。特にヴェネツィア共和国により緩やかで安定した支配がヴェローナまでの広大な領域を覆ったとき、城壁で防御して中に閉じこもる都市との概念は不要になり、軍事・経済・文化空間秩序としての「城壁」はなくなり、都市と田園は連続したものとなりました。このような環境にヴィッラは建てられたのです。ただし古代ローマにもオティウム（余暇）のためのヴィッラがあったように、生産施設を持たないヴィッラもありました。ロトンダなどでは田園での社交がその機能であり、その意味ではパラッツォを補完する都市建築でした(実際『四書』でロトンダはパラッツォに区分されます)。

大帝国に支配されていたアジアと異なり、ヘレニズム時代以降の地中海世界は、特にイタリアは小国に分かれており、社交から戦争にいたるまでの各種の文化交流が盛んで刺激を与え合いました。そのようなとき外交と政略結婚や人質交換を含んだ人的交流こそが、国家の命運を懸けた行動でした。イタリア、特にヴェネト地方ではそれが顕著で、都市国家内外におけるその活動の場がパラツォでヴィッラでした。ヴェネトの都市と田園は土地も人も豊かです。破れジーンズを履く女学生に自宅でのパーティに招待されたら、それはヴェネツィア・ガラスの窓から滲んだ夕日が射し込むヴィラでした。女性考古学教授の自宅もパッラーディオ様式のヴィッラで、夏の宴も酣の夕刻、「夕空の中を散歩しましょう」と先生に誘われ表に出るとヘリコプターがありました。茜色の雲の中から見下ろす、暗闇に沈みつつあるヴェネトの田園の陰翳に満ちた緑が印象的でした。

アンドレア・パッラーディオ通り

ヴィチェンツァの中心がアンドレア・パッラーディオ通りです。西端にはカステッロ広場が、東端にはマッテオッティ広場が、中ほどにはシニョーリ広場とバシリカがあります。

カステッロ広場のパラッツオ・ポルト

ポルト家のためにパッラーディオが設計した2つのパラッツォのひとつですが『四書』には載らず、1570年の同書刊行後に建造が開始され、パッラーディオ死後は弟子ヴィチェンツォ・スカモッツィにより竣工されたと推量されます。ただしこのパラッツォは、明らかに完成から遠い状態にあります。高いペデスタルの上に巨大なコリントス式オーダーが立つファサードが、ベイ2つ分だけで裁ち切られます。しかしその荘厳な柱によって広場を圧倒しています。モールディングの明暗法、前方に突出したエンタブラチュアとポディウムが存在感をさらに高めています。この異様な未完の状態ゆえに人びとは「悪魔の家」と呼びました。

パラッツォ・ピオヴィーニ

パッラーディオ初期の作品で1540～45年頃のものとされますが竣工は1567年で、17世紀にはピオヴィーニ家によって改変されました。現在は大手デパートの店舗です。贅沢な話しですし、ごく普通の日常生活が歴史空間にあることの証左でもあります。

パラッツォ・ロンガーレ

パッラーディオが1572年以降に設計した可能性があり、その死後に

カステッロ広場のパラッツオ・ポルト

パラッツォ・ピオヴィーニ

パラッツォ・ロンガーレ

パラッツォ・トリッシィーノ・バストン

スカモッツィが続行し1600年以降に完成されたと考えられています。1835年にロンガーレ家が購入しました。

パラッツオ・ダ・スキオ

1565年にパッラーディオに依頼され1667年に完成し、ファサードの幅は狭いですが、そのデザインは建物に力と威厳を与えています。つまりファサードは上下に明瞭に分けられ、基壇部は粗い田舎風デザインですが主階部表面は平滑で、基壇部の上にはコリントス式柱頭の4本の片蓋柱が載り柱間の窓は縦に細長い。一方、基壇部左右の窓や中央通路上端の要石は水平に平らで左右に引き延ばされています。ファサードの上下間の緊張を、主階の柱の平滑な表面を有するプリンスを、粗い表面の基壇部にまで挿入することによりさらに高めています。

パラッツォ・トリッシィーノ・バストン

1588年にスカモッツィによって設計された、狭く不規則的な敷地に立つ2階建てで、古典様式が各所にあります。1901年から市庁舎となっています。

ドゥオモ

1482年に建設が始まり1560年代に竣工しました。クーポラはパッラーディオの設計によります。第2次世界大戦で大破し、ファサードのみが残りました。他の部分は復元されました。

シニョーリ広場、バシリカ、「シニョーリ広場の塔」

シニョーリ広場にはヴェネツィアのサン・マルコ広場のように2本の円柱が立ち獅子像とイエス・キリストの像が載り、共和国の支配を視覚的に示しています。

広場の一角をヴォールト状木造屋根のホールが占めています。おそらく12～13世紀には中核部分のホールが造られ、それは15世紀末に修理され、外側にゴシック様式の2層のロッジアが巡らされましたが、一部が崩壊しました。市議会に依頼されパッラーディオは1549年に、このアーケードを取り払い、代わりに古典様式の白大理石製の上下2層のロッジアを建造し、セルリアーナが全面にわたって連続する、気品高く優雅な外観を創造しました。地上階には工房や商店が設けられましたが、これは特にヘレニズム時代に多く造られたストアの系譜に連なります。上階の大広間も、古代ローマ以来の、晴雨を問わない議会、裁判、雨天時の市場など多目的用途の集会場としてのバシリカとなりました。市民が市の中心部の公共建築に集まることは、とりわけヴィチェンツァにとって重要でした。この都市は地勢上、外部勢力の手先である内部各勢力の集合であり、その紐帯の理由は同じ都市に棲んでいることでしかありませんでした。市がバシリカ工事に支出した総額は70年間で6万ドゥカーティにも上る桁外れの巨額です。福田氏は「その間、ヴィチェンツァ市はただこの建物を造るためのみ存続していたといっても、さほど誇張とは聞こえないであろう」（前掲書）と述べます。この公共建築こそが、この都市の紐帯であったのです。

パッラーディオが造ったのは、この建築のあくまで外観、中核部ホールの控壁でしかなく、本体には変更を加えていません。本体の構造的な補強を行い、壁面装飾をゴシック様式からクラシック様式に変更しただけであり、古い建物の強固な衝立としての壁あるいはフォロンス・スカナエを追加したにすぎません。しかし逆に言えば構造と装飾こそ建築であり、これによりこの建築は歴史的となりました。設計と施行のうえでは、古い中核部分の歪んだ柱間寸法に現場合わせで調整をしながら、ファサードを増築する苦労がありました。工事は遅延し建築家没時も未完で1617年に完成しました。これは建築家の最初の公共建築の設計で、『四書』第三書に載っています。福田氏が指摘しますが、パッラーディオの作品は未完が多く、『四書』の図版の外では完成した建築を彼はほとんど見たことがありません。当時の建築工期が長いことを考慮しても異例です。また死後に完成された建築も稀で、バシリカはその例外です。では建築家と私たちは、パッラーディオの建築として何を見ているのでしょうか。パッラーディオ様式と言われるほどにイメージに溢れな

バシリカ

パラッツオ・キエリカーティ

がらも、じつは実体は明瞭ではありません。バシリカ横には12世紀建造の「シニョーリ広場の塔」が立っています。

パラッツォ・ティエーネ

ティエーネ家が施工主で、パッラーディオの設計であることは『四書』に載り、ヴァザーリの言及から確かと思えますが、疑問視する説もあります。1542年以降に建設開始するも中断されました。4本柱のヴェスティブルはウィトルウィウスから拝借し、プランは全体的にローマのルネサンス様式、特にブラマンテの影響を受けています。

パラッツオ・キエリカーティ

『四書』第二書に載っています。施工主ジロラーモ・キエリカーティ伯はマッテオッティ広場西側に奥行きの浅い土地を有していました。彼は、おそらくパッラーディオの指示で、市所有の広場をポルティコの奥行き分だけ割譲してもらっています。見返りにポルティコ初層を市民に開放したアーケードとし「市民の利便とこの都市の栄誉を称える」として許可を得たのです。市は広場の価値が高まるので歓迎し、施工主はポルティコ上の主階に大広間の建設が可能となりました。地面と空中の権利と使用を分けて設定し両者を巧みに処理し、施工主と市・市民の両者が得をする事例です。

パッラーディオの形成期を1538年から1549年とするならば、1549年頃の設計であるこのパラッツオは、ヴィッラ・ティエーネやロトンダと共に、彼が自分のスタイルを見いだした結論としての建築です。ファサードは、下はドーリス式、上はイオニア式で3つの部分からなります。両端の2つでは主階にロッジアがあります。1551年頃に建造が開始されましたが、17世紀冒頭にも未完成で、広場には建築資材が積み上げられたままに家族が棲んでいました。同世紀に工事が再開され、建物の残りの部分が『四書』に見るような形で竣工したのは、着工後150年近く経った同世紀末です。この世界遺産から習うべきことは、西洋蓄積型文明が有する世代を継続して貫く長い時間軸の概念、世代を超えた連続と覚悟です。

テアトロ・オリンピコ

16世紀初頭にヨーロッパ全体をアカデミア熱が覆いました。それは単なる学問藝術の研究団体ではなく、正しい人間の生き方を探求する場として中世の教会に代わるもので、ヴィチェンツァでは1555年にアカデミア・オリンピカが設立されました。学者や貴族たちにパッラーディオを加えたこのサークルは、諸藝術・諸科学の研修に勤しみ、その成果のひとつがテアトロ・オリンピコなのです。

当時宮廷ではラテン演劇が上演されました。それは娯楽と言うよりも古代文藝に直に触れ、宮廷人としての教養を高めるための手段で、宮廷のサロンや中庭で上演され、独立した劇場は特に必要とされていませんでした。しかし君主をもたないヴィチェンツァでは、教養を獲得したい裕福な貴族たちが劇場を必要としたのです。アカデミア・オリンピカは都市を顕彰すべく公的セレモニーをよく開催しましたが、そのための舞台を必要としたのです。1580年2月中旬にアカデミアは恒久的劇場の建設を決定し、同月末には建築が開始されました。物事の展開の速さから、パッラーディオは計画着想の段階からすでに設計に着手していたと考えられます。彼は同年に死にますが、弟子スカモッツィが1584年に完成させました。

古代復興の恒久的舞台と背景を有す最初の屋内劇場で、ヨーロッパ初の近代劇場です。パッラーディオの遺作あるいは「未完の大作」とされます。この影響下に、ルネサンス時代にサッビオネータのテアトロ・アル・アンティーカやパルマのテアトロ・ファルネーゼが造られました。ゲーテはヴィチェンツァに着くとまず小躍りするようにこのテアトロへ駆けていきました。「数時間前に当地に到着し、もう町を一わたり駆け廻って、パラティオ作のオリンピコ劇場や建物を見て来た」。そして「えもいはれぬほど美しい」と賛嘆しています。

劇場は古代ローマ劇場を屋内に取り込んだもので、楕円形の階段席、長方形の舞台、舞台背景の3つから成ります。中世の城壁の中に造られているので、敷地の幅はありますが奥行きが十分でなく、観客階段席の平面プランは、古代劇場の半円形ではなく、楕円形にされました。舞台設計は主にスカモッツィにより、古代ローマの伝統的建築ジャンルである記念門をモチーフとしました。舞台背後中央に記念門がありその奥に街路が延びています。その記念門の左右にも等間隔に門が2つありその奥にも斜めに街路が延びています。舞台背後のこれら5つの放射線状街路は舞台上で合流し、遠近法に即した奥行きある舞台空間を創りあげています。古代ローマの広場、ルネサンス理想都市に見立てたものですが、観客席も列柱と彫像に囲まれた都市の広場そのもので、天井には陽光差す青空が描かれ、立体的な物語の中に居る錯覚を覚えます。最古の屋内劇場ですが、古代ローマの野外劇場を倣るからこそ、天井にはあたかも屋外であるかのように陽光が満ち雲が幾筋もたなびいているのです。

多くの人が劇場を訪れましたが、注目すべきなのは竣工当時1585年に天正少年使節クワトロ・ラガッツィ（「4人の少年たち」）が訪れたことです。その少年たちのようすを描いたグリサイユが、観客席前室の壁面上部にあります。竣工したばかりの都市自慢の劇場を、はるか東洋から来た、カトリック信者でローマ市民権を得たばかりの少年たちに誇り高々に見せた歴史の一幕を描いたモノクロ画です。

3．サヴォイア王家の王宮群（地図の⑲）

トリノの歴史およびサヴォイア家とイタリア

トリノはアルプス東麓、ドーラ・リパーリア川がポー川に合流する地にあり、イタリアとフランス、スイス、ドイツを結ぶ要衝です。古代ローマ時代にはカストラ・タウリノルムと呼ばれるローマ植民都市でしたが、前218年にハンニバルによって破壊されました。後5世紀にはアラリックのもと西ゴート人がポー河平野一帯に侵入し、6世紀後半にはラ

カルロ・フェリーチェ広場

サン・カルロ広場

ンゴバルトの支配下に置かれましたが、754年にフランク軍がランゴバルトを破りトリノに侵入しました。773年にはシャルルマーニュ（カール大帝）の軍隊が占領しました。12世紀初頭にはコムーネ（自治都市）がおこり商業が発展しました。

サヴォイア（伊語、仏語サヴォワ）は地域名で、フランス南東部、スイス、イタリア北西部を指します。この地域の山岳種族が国家を形成し、この地を所領としたのがサヴォイア家の発祥です。1416年にはサヴォイア公国となり、宮廷はシャンベリに置かれますが1562年にトリノに移され、以降サヴォイア公国の（そしてイタリア統一まで）政治・軍事・経済の中心となります。山岳地帯からイタリア平野に下ったこの勢力は、次々に支配領域を広げ、特にシチリアの獲得によりサヴォイア公は王の称号を獲得し地位を固めました。その後シチリアはスペイン、イギリスを経て1720年にはオーストリアに属しますが、同年サヴォイア公国はサルデーニャ島を得てサルデーニャ王国となり、領土の一応の固定化をみました。

1820年代に始まったイタリアのリソルジメント（イタリア統一運動）は、基本的には特に異民族オーストリアの支配からの解放と統一の運動であり、サルデーニャ王国を中核とします。一方、北イタリアはフランスとドイツにとっても重要な地でした。また、イタリア内でも国王・貴族・大ブルジャワジーの思惑と、ガリバルディや人民大衆の求めるものは異なります。この複雑な経緯の中でカミッロ・カヴールの力もあり、1861年にイタリア統一が成り、サルデーニャ王国国王のヴィットーリオ・エマヌエーレ2世がイタリア王国初代の王となり、トリノは1864年までイタリア王国首都となりました。

20世紀初頭からイタリア経済の一大中心地となり、同時に労働運動、反ファシズム闘争も活発でした。現在はピエモンテ州の州都でトリノ県の県都、ミラノに次ぐ工業都市で、FIAT《フィアット》（「トリノのイタリア自動車製造所」の略）の本拠もあります。ここでイタリア放送協会も発足し映画産業も盛んです。1997年に「サヴォイア王家の王宮群」が世界遺産に登録されました。

なお産業遺産の美と再生の希有な事例がリンゴットです。1916年に建設が開始されたFIATの自動車工場で、きわめて機能的な螺旋状の構造はまた印象的な前衛建築であり、屋上のテストコースとも相まって時空を超えた風景を見せています。1982年の工場閉鎖後に、経済の「フロー」のみを考え循環型文化から脱却できない日本ならばさまざまな理由を附して早々に破壊したでしょうが、西洋蓄積《ストック》型文明の母国イタリアでは再開発計画のコンペが行われてレンツォ・ピアノの案が採択され、現在は複合文化施設となっています。

ポルタ・ヌオーヴァ駅

1861年に建設が始まりました。ローマ・テルミニ駅、ミラノ中央駅に次ぎ、旅客数でイタリアで3番目です。イタリア大都市の駅はターミナル駅（終着駅）で頭端式ホームが並びます。このホーム形状はそのまま駅の外にはファサードとして現出し、さらにその前には駅前広場も作られ、都市の玄関としての駅の存在を顕現化します。通過駅で列車に乗ることは未来へ一方方向に流れる時間に飛び乗り身を任せる行為ですが、頭端式ホームに列車が並ぶ風景は人生の選択・岐路の視覚化です。選択で人生が変わることを、これほど端的に示す場も他にありません。ゆえに劇的で情緒的で上野駅や映画『ひまわり』のような尾輛の赤灯が揺れる人生風景が現出します。この駅が面す広場がカルロ・フェリーチェ広場で、ここから正面に延びるローマ通りを進めばサン・カルロ広場（科学アカデミア館、パラッツォ・カリニャーノが隣接）、さらにカステッロ広場（マダーマ宮、王宮、ドゥオモがある）に達します。

科学アカデミア館

1679年建設開始、1687年竣工のU字形プランの建築です。ピエモンテの貴族の子弟のためのコレッジョ・ノビリとしての建設でしたが、1787年に王命によって王立科学アカデミアの（この前身は1757年創設のトリノ私設科学協会で、1783年にヴィットーリオ・アメデーオ3世により王立とされていました）本拠地となりました。一方、科学アカデミア館は主にエジプト博物館として利用されています。以前からトリノにあったエジプト美術に触れたカルロ・エマヌエーレ3世は、1753年に古代エジプトの文物を収集すべく学者を派遣し、カルナック神殿などから300点以上の遺物が運ばれ、後のエジプト・コレクションの中心となりました（古来、特に東方化様式時代からローマ時代において、地中海北側の文明にとって南側の文明、特にエジプト文明と土地は、憧憬と略奪の対象でした。それはギリシア・ローマ文明よりもはるかに進んだ憧れの先進文明の地であり、後には穀物庫として支配・経営の対象となりました。その獲得は権力と富みを掌中にすることを意味し、その象徴的行為としてすでに初代ローマ皇帝アウグストゥスがオベリスクを都市ローマに運ばせています）。

1798～1801年のナポレオンのエジプト遠征ののちに、欧州全域にエジプト熱が広まり遺物などの収集が盛んとなりましたが、ピエモンテ人の駐フランス領事でその遠征にも従軍したベルナルディーノ・ドロヴェッティは、爾後もエジプトに滞在し、テーベなどから出土の多くの遺物を収集しました。この8千点以上のコレクションを1842年に王カルロ・フェリーチェは購入し、これがトリノのエジプト博物館の基となりました（これらの資料を利用してシャンポリオンはヒエログリフの解読を行いました）。その後もコレクションは追加され、カイロ考古博物館に次いで所蔵品が豊富なエジプト博物館です（なおドロヴェッティはさらに収集を続け、そのコレクションは現在ルーブル美術館やベルリン・エジプト博物館に蔵されています）。

なおトリノの博物館はホームページなどで「当時の規範においては発掘による出土品はエジプトとイタリア隊との間で分配するものであった」とわざわざ明記し、その合法性を強調しています。文化財返還問題への予防線です。自国の「国立中央博物館」に他の偉大な諸文明の物品

科学アカデミア館（写真中央）

パラッツォ・カリニャーノ

マダーマ宮殿

王　宮

を飾ることは、自らの権威を内外に示す絶好の方法でした。特に古代ギリシアの物品は自国が西洋文明の正統な後継者であることを、古代エジプトの物品は自国の強大さと豊かさを示しました。当時のパリ、ベルリン、ミュンヘンなどの博物館は、自国の権威を見せつけるショーケースでした。現在は異文化を理解するための知の拠点と考えられていますが、本来博物館とは国威発揚の装置なのです（現在でも、たとえばタシケント国立博物館は自国と大統領の偉大さを展示品で示し、ラホールの国立博物館では、ガンダーラ仏の横に、印パ戦争でパキスタン側が撃墜したインド戦闘機の翼がトロフィーとして飾られています)。「国立中央博物館」などにある外国からの文化財を巡って文化財返還問題が厳しく論議されている現在、将来新たに自国首都に大英博物館やルーブルのような「国立中央博物館」を設立しそこに「植民地」を中心とした支配下の土地からの歴史遺産などを飾ることはあり得ません。しかし一方で、多地方の多文明のさまざまな文化財が一堂に会することの学術・思索・アート上の利点は計り知れません。実際の物体をそのままの形で保管し現実空間の展示場を使い物理的に公開する「リアル・ミュージアム」を前提にする以上、「中央博物館」はあり得ません。しかし、実際の物体から情報を吸いだしデジタル情報として格納し、ネットワークを通して仮想的に公開・共有する「バーチャル・ミュージアム」ならば、これからもますます豊かな「中央博物館」は大いにあり得ます。デジタル・ミュージアムが構想される所以です。

パラッツォ・カリニャーノ

サヴォイア王家分家のカリニャーノ公トマーゾ・フランチェスコ・ディ・サヴォイアがジュリアーノ・ジュリアーニに命じ1679年に王家邸宅造営が開始されました。東西にファサード、中央に広い矩形の中庭を有する矩形の平面プランのバロック様式の建物です。直線的で抑制された東ファサードに対し、西ファサードは曲線的で豪奢で、平面プランが楕円形の塔が、ファサード面から若干後退した位置にそびえています。

特にその中央部は凹凸凹と優雅に力強く波打っています。1864～71年に東ファサードが折衷様式によって増築されました。赤いストゥッコと白い石による付け柱と独立円柱が映える豪奢なファサードです。

1831年までサヴォイア王家宮殿として使用され、1820年3月14日に後の初代イタリア王ヴィットーリオ・エマヌエーレ2世がここで生まれました。1848年にサルデーニャ王国議会議事堂となり、最初のイタリア議会開催地でもあります。リソルジメントの現場であったトリノとパラツッオの経緯ゆえに、現在は国立リソルジメント博物館となっています。

マダーマ宮殿

古代ローマの都市アウグスタ・タウリノルムでは、この地に城門が位置し、外はポー河へ通じ、内はデクマヌス・マクシムスが始まる要所でした。この時代の遺構は宮殿内に保存されています。西ローマ帝国滅亡後、城門は要塞として使用されました。後にサヴォイア王朝アカイヤ家が居住し、14世紀初頭には城へと増築されました。1世紀後にアカイヤ家ルドヴィコは、四隅に円塔を配置し、中庭を有す矩形の平面プランに改築しました。これは現在も東面から確認できます。この改築後に城はサヴォイア家の客の滞在する場となりました。

1637年にサヴォイア公カルロ・エマヌエーレ2世の母で摂政のマリーア・クリスティーナ・ディ・フランチアが、自分の居宅とし、中庭を覆うなどの改築を行いました。エマヌエーレ2世の妃、ヴィットーリオ・アメデーオ2世の母、1675年以降はその摂政のマリー・ジャンヌ・ド・サヴォワ＝ヌムールも自分の居宅とし、ここに「マダーマ（貴婦人）の宮殿」の呼称が通例となりました。マリー・ジャンヌはサヴォイア宮廷主席建築家フィリッポ・ユヴァッラに1718年に白亜のバロック宮殿を造るように命じましたが、1721年にファサードが完成した段階で工事は停止しました。その後この建築はさまざまな用途に用いられ、1934年以降市立美術館として利用されています。

バロック時代のファサードは荘厳な古典主義を基調としつつも劇的な

ドゥオモ（右側）

モーレ・アントネッリアーナ（写真中央に見える建築）

性格が強調されています。前方に迫り出した中央の4本の独立円柱と基壇は奥行きのある濃い陰翳を生んでいます。一方でその3つの中間は、アーチを戴いたガラスに全面的に覆われ透明な光に満ちています。コンポジット式の重い独立柱は、軽やかなトロフィーの浮彫が施された基壇に載っています。左右に従う3つの間で中央部だけが、上部のフリーズとデンティルを載せたまま前方に迫り出し、それゆえに中央ガラス窓のみ陰翳が増し、それは、ずれて重なる片蓋柱の表現によってさらに奥行感が強調されます。このファサードがカステッロ広場の舞台背景としてこの空間を劇場へと変え、陽と月の光の中で誰もが劇の登場人物になります。

王　宮

1584年建築開始、1658年完成の後、これもディ・フランチアにより17世紀に改築されました。サヴォイア王室の活動の中心であり続けました。ファサードは左右対称で、サヴォイア宮廷建築家カルロ・ディ・カステルアモンテと息子アマデェオによります。ただし向かって左には、聖骸布礼拝堂のドームがそびえています。サヴォイア家が所有する貴重な聖遺物が保管されている礼拝堂であり、それが宮廷を背後から守護していることが視覚的に領会されます。

20世紀初頭、王宮の新翼増築の際に、ローマ劇場が発掘されました。前13年～後44年にアウグストゥスの盟友コッティウスの息子ドンノ2世により建造されたとされる、3千近い席数のモニュメンタルな劇場で、おそらくその一部は天候に合わせ覆うことができました。3世紀頃まで劇場として機能し、その後放棄されました。

ドゥオモ

王宮正面に向かって左背後に位置し、サン・ジョヴァンニ広場に面しています。既存教会が撤去された後、1470年にすでに建造されていた鐘楼の横に、1491～98年に聖ヨハネ教会が建築されました。磔刑のキリストを包んだという「トリノの聖骸布（スィンドネ）」は1453年にサヴォイア家の所有となり1578年にトリノに移されました。聖骸布保管のためのプロジェクトにより1694年にマリー・ジャンヌ・ド・サヴォワ＝ヌムールのもと、建築家ジュリアーノ・グアリーニによってバロック様式のドーム（聖骸布礼拝堂、グアリーニ礼拝堂）が完成しました。

モーレ・アントネッリアーナ

建築家アレッサンドロ・アントネッリの設計によることからモーレ・アントネッリアーナ（「アントネッリの大建造物」の意）と呼称される、独特な形態の高層建築です。イタリア統一によりユダヤ人にも同等の権利が認められた直後の1863年に、王都を飾るシナゴーグとしてユダヤ人共同体を施工主として建設は始まりました。しかし建築家は計画をたびたび変更し、建物は当初よりはるかに高くなり建設費用も嵩み工期も遅れ、工事は1869年に中断されました。1864年には首都がフィレンツェに移ったこともあり、結局1876年にユダヤ人共同体は建設を中止しました。しかし市民の要請もあり、市が1878年に建物を入手し（ユダヤ人共同体は他に土地を得ました）、イタリア統一のモニュメントとすべく建設を継続し1889年に完成しました。高さ167.5メートルは、当時ヨーロッパで最も高い石造建築でした。当初はリソルジメント博物館として使用され、現在は国立映画博物館が入っています。

ジグラットの昔から永く高層建築とは宗教建築でした。墳墓であるかの如何を問わずピラミッドは神ファラオの宗教建築です。13世紀、1300年からは、キリスト教聖堂が世界で最も高い建築であり続けました。ロンドンやリンカンの大聖堂以降も、ドイツやフランスの大聖堂や教会が最も高い建築でした。その大聖堂を凌駕したのがモーレ・アントネッリアーナです。

もちろんこれは本来シナゴーグであり（完成していたらユダヤ世界の発揚として永く意義があったでしょう）、宗教建築として計画されたから高かったのです。しかし計画は変更され宗教建築ではなくなりました。最も高い建築ですが、初の非宗教建築としてモーレは画期的意義があります。しかし完全に世俗でもなく、国家統一のモニュメントという、最も世俗的でありながら半ば宗教的でもある行事を顕彰する高層建築となりました。その観点では建国の父を記念し国家分断の南北戦争を経て1885年に竣工したワシントン記念塔と類似しています。

しかしやはりモーレは世俗建築です。たしかにシナゴーグでなくなったのは、施工主と建築家のローカルな経緯が直接の理由です。しかし同時にそれはグローバルな趨向の中にあります。つまりこの時期から、最も高い建築は世俗建築、特に商業用オフィスとしてのスカイスクレーパーへと移ってゆきます。

19世紀後半から特にアメリカで、外壁を構造材とするのではなく、内部に鉄骨を構造材として組み構築する高層商業建築スカイスクレーパーという新建築ジャンルが発達します。1870年にはエクタブル生命保険会社のエレベーター完備のオフィス・ビルが建てられ、キリスト教教会でないものの中で、世界で最も高い建築となりました。そして1889年に非宗教建築モーレが完成し、キリスト教教会も含めて世界で最も高い建築となりました（なおモーレの翌年に竣工したエッフェル塔ははるかに高いです。建築物ではなく建造物ですが、これもキリスト教関係ではない世俗的な物です）。

その後、次々に建てられる高層建築は、マンハッタンやシカゴを中心とした世俗で商業用のオフィスビル、スカイスクレーパーが主で、1901年のフィラデルフィア市庁舎はモーレよりも若干低いですが、1908年のマンハッタンのスカイスクレーパーのシンガー・ビルがモーレを凌駕しました（その翌年に世界一となったメトロポリタン生命保険会社タワーは明らかにサン・マルコ広場の鐘楼をモデルとしています）。その後クライスラー・ビルが建造物であるエッフェル塔をも凌駕し、マンハッタンに世界一を競う高層建築が全てが集中しました。

モーレは、シナゴーグから世俗建築への変更というローカルな事情に発しつつ、実はグローバルな流れにおいて建築の主流・最先鋭が宗教

アディジェ河に架かるナヴィ橋

円形闘技場

建築から世俗建築へと移行した最初を象徴する建築として意義高いのです。カトリック教徒の国で、シナゴーグを介して、このような高層世俗建築ができたことが面白いですが、それはトリノの属性ゆえです。

4．ヴェローナ市（地図の㉜）

ヴェローナの歴史

アディジェ河の渡河点として、南（ローマ)、東（アクイレイア、ヴェネツィア)、西（ミラノ）そして北（オーストリア）方面への道の交差する四辻で要衝の地です。すなわちクラウディア・アウグスタ街道（北方とポー平原を結ぶ)、ヴェロネシウム道（ヴェローナとマントヴァ方面を結ぶ)、ポストゥミア街道（ジェノヴァからヴェローナを経由してアクイレイアを東西に結ぶ)、ガリカ街道（ヴェローナ、ブレーシャ、ベルガモ、ミラノを結ぶ）などです。特に北から来るとき、デューラーやゲーテも通ったブレンナー（峠南側も独語圏なので独語）峠を越え、長いチロル地方を抜け、平野部に出た地に位置しています（実際ミュンヘン、インスブルックから車で来ると、ヴェローナまで来て初めて、いかにもイタリアらしい明るい海の光を空気の中に感じ、同時に血管中を倦怠感が巡り無性にカフェが欲しくなります)。アディジェ河はこの都市近郊でポー河に沿いアドリア海へと流れを転じますが、この地点はまた渡河点であり、ゆえにここに「ヴェローナ」が生じました（東西に流れるテェヴェレ河の、南北方向への渡河点に位置するので、都市ローマが発生したのと同じ理由です)。ほぼ同じ緯度にパドヴァ、ヴィチェンツァ、ブレーシャなどが並びますが、ヴェローナは北との交通の要所ゆえにより重要性があり発展しました。

十字路にあるヴェローナは古来からウェネティア地方の中心地でした。先史時代の遺構・遺物はほとんど発見されていませんが、すでに集落はあったと考えらています。ローマとの最初の接触時期は不明ですが、ウェロナ（古名）はハンニバル来襲に際しローマに味方しました。前89年にラテン植民地に、前49年にはローマ都市となり整備が始まりました。ローマ時代以前からの古い集落は、アディジェ河左岸の聖ピエトロ丘にあった蓋然性が高いですが、遺構は残っていません。

現在の都市の原形は右岸のローマ都市です。ローマ時代の橋ポンテ・ディ・ピエトラ（第2次世界大戦で破壊後再建）は、両岸の緊密な関係を示し、同時に右岸の街路網に一致しないことから、ローマ時代以前の左岸集落の状況に合わせて存在していた蓋然性を示しています。

右岸の格子状街路網は、ローマ都市となったおそらく前49年には整備されはじめました。河の湾曲部を巧みに利用して77メートル×77メートルの正方形のインスラ（街区）が整備されました。この街路網と同時に城壁が整備されましたが、北側2辺は河を防御に用い、南側2辺に高さ13メートルほどの城壁が造られました。南北方向の大路カルド・マクシムス（現S.Egidio通り、Leoni通り）と、東西方向の大路デクマヌス・マクシムス（corso Porta Borsari、corso S.Anastasi）が造られました。デクマヌス・マクシムスの東側（河側）の延長線上には新しい橋が造られ、したがってポンテ・ディ・ピエトラ橋とは異なり街路の軸線上に位置し、現在でも渇水時にその橋脚の遺構を確認できます。

城壁にはカルド・マクシムスに対応してレオーニ門、デクマヌス・マクシムスとポストゥミア街道に対応してボルサーリ門が建造されました。共に1世紀中頃からフラウィウス朝の頃に改修され、後者の門にはガッリエヌスの城壁改修を記念した碑文が刻まれています。ポストゥミア街道が城内に入る位置にあるのがこの門です。磨かれたような石畳が遺るこの街道は、城内ではデクマヌス・マクシムスへと続き、それがカルド・マクシムスと交差する位置にフォルム（現在のエルベ広場、シニョーリ広場）がありました。

ローマ都市建造の際、あるいは後1世紀初期に、劇場、円形闘技場、ガウィウス家の記念門が造られたとされています。劇場は左岸の聖ピエトロ丘の斜面を利用して造られ、平面プランは共和政時代末期の特徴を有すも、技術面などからアウグストゥス時代のものとされています。アウグストゥス時代末期からティベリウス時代初期に、水道建設などに貢献したガウィウス家の記念門が造られました。渡辺道治氏によると（『古代ローマ記念門』1997)、この記念門はデクマヌス・マクシムス（この大路は重要視され他にも２本のカルドとの交差点に四面門がありました）からボルサーリ門を経て城壁外に出てポストゥミア街道を150メートルほど西方向に進んだ、主幹線道上のきわめて景観的に勝れた位置にありました。高さ12.7メートル幅11.0メートル奥行き6.3メートルの長方形プランの四面門ですが交差点にはなく、側面よりも主軸街路に沿う正面・背面が重視されています。中央アーチ上に破風があり、前面二柱式の神殿建築の立面が採用されています。オーダーと迫持柱の礎盤は基壇の上に載り、帝政初期の手法が未だに採用されています。ナポレオン占領時代に壊されましたが、パッラーディオの図面などを根拠にカステル・ヴェッキオ脇に再建保存されています。後述する円形闘技場以外の古代遺構は、公的建築としては、３世紀冒頭に大々的に修復された浴場、ルドゥス・プブリクス（剣闘士の宿舎）、アレクサンドリアの神を祀った神殿などがあり、私的建築としてはフレスコ壁画と舗床モザイクを伴う家屋などがあります。

交通の要衝ヴェローナは、たびたびローマの覇権を争う皇帝同士の戦いの舞台にもなりました。69年にはフラウィウス・ウェスパシアヌスとウィテリウス、249年にはピィリップス・アラブスとデキウスの戦いです。312年にはコンスタンティヌス１世とマクセンティウスが戦い、後者は蛮族に対するためにガッリエヌスが265年に再利用部材で急遽造った城壁に籠もり戦いましたが、前者が勝ちさらにムルウィウス橋での勝利を経て西ローマ帝国全体の支配者となりました。このヴェローナの戦いは、都市ローマのコンスタンティヌスの記念門（奉献式315年）の南面左アーチ上フリーズに、合戦の音が聞こえるかのように活き活きと

「ジュリエッタの家」

ドゥオモ

ブラの門

ポルタ・ヌオーヴァ

刻まれ顕彰され、歴史上のヴェローナの重要性を伝えています。ローマ時代には、ストラボン（5.213）などが記すようにウェネティア地方最重要都市のひとつでした。

しかし4世紀末頃から徐々に衰退し、5世紀からは東ローマ帝国でなく、西ゴート族王アラリクス、フン族王アッチラ、ゴート人のオドアケル、東ゴート族王テオドリックら「蛮族」の支配を受けました。その後東ローマ帝国の版図にも入りましたが、ランゴバルト族にも侵攻され、8世紀にはフランク王国カール大帝が、ランゴバルドの首都パヴィアを占領し、ヴェローナを含むポー川流域一帯を支配しました。しかし10世紀にはカロリング朝も衰退し、バイエルン、オーストリアの支配を受けました。1136年にはコムーネとなるも、13世紀から14世紀にはデッラ・スカラ家、ミラノのヴィスコンティ家、パドヴァのカッラーラ家などの支配下に入りました。ヴェローナ内の名家間の熾烈な覇権争いの歴史が、後にシェークスピアの『ロミオとジュリエット』を生むのです。

1405年からはヴェネツィア共和国の穏やかな支配下に入り、ルネサンス時代にヴェローナは発展しました。1797年にナポレオンによりヴェネツィア共和国が滅ぶとフランスの支配下に、次にオーストリア支配下に入り、1866年にイタリア王国領となりました。現在はヴェネト州ヴェローナ県の県都で、2000年に「ヴェローナ市」として世界遺産に登録されました。

エルベ広場、シニョーリ広場

古代ローマ時代のフォルムは長方形の広場で、現在のエルベ広場と東隣のシニョーリ広場に該当します。前者ではカピトリウム神殿や、おそらくフラウィウス時代のバシリカの遺構などが検出されています。ヴェネツィアの獅子が載った円柱が立ち、ヴェローナにまで及ぶヴェネツィア共和国の支配を示します。野菜（エルベ）の市が開かれた場所なのでエルバ広場と呼ばれます。後者のシニョーリ広場は長方形で、ダンテの像が立っています。

カピタニオ館

1363年頃に完成した要塞宮殿で、ヴェネツィア共和国時代にはカピターノの邸宅とされました。建築当初からのものは塔で、他の大部分は16世紀に造られました。オーストリア支配時代は裁判所として機能し、イタリア時代の1880年代から修復がなされました。

パラツッォ・ラジオーネ

中庭をもつ矩形プランで1138年あるいは1193年に創建され、同世紀にはランベルティの塔も建造されました。15世紀に雷撃被害を受け60年かけて修復が完了しました。ヴェネツィア共和国時代には司法機関として使われ、1447年に中庭に階段が造られました。

「ジュリエッタの家」

『ロミオとジュリエット』のモデルとなったカプレーティ家の娘の家であるとされる、中世のパラッツォです。有名なバルコニーもありますが、中世の石材で後に創り出されたものです。人びとの想いが現実の建物を脚色させ虚構を現出させ、それを皆で信じ楽しむ光景は、歴史空間の中のテーマパークであり、観光名所です。

ドゥオモ

ロマネスク様式の教会は1187年に聖別されました。ファサードの窓はゴシック様式で14世紀に修復されました。ファサード上部のバロック様式の追加は17世紀の修復によります。鐘楼はミケーレ・サンミケーリにより16世紀に建造が始まりますが、未完です。

聖アナスターシア教会

1290年に建設が始まったゴシック様式の教会ですが未だ完成に到っていません。ファサードは身廊を反映し3つに区分されています。

ローマ時代の円形闘技場

南西の城壁のすぐ外に位置し、「アレーナ」と呼称されています。モニュメンタルで、ローマの「コロッセオ」、ナポリの円形闘技場に次ぎ、イタリア半島で3番目の大きさを誇ります。中世や16世紀に改築され、

2万5千席あり、舞台や階段席も保存状態が良いものです。しかしこの改築により年代決定は困難となり、劇場装飾は簡素で特異点もなく、工法からも年代を決定できず、関連古代史料もありませんが、闘技場の一般的編年から1世紀中頃の造営と推量されます。ガッリエヌスが城壁を造営した際に、この円形闘技場と聖ピエトロ丘も包含されました。

ブラの門

円形闘技場の西側のブラ広場から、ポルタ・ヌオーヴァへと続くコルソ・ポルタ・ヌオーヴァへ入ったところに位置します。2つのアーチから成る門で15世紀冒頭の造営とされます。

カステル・ヴェッキオ

14世紀後半にカングランデ2世により建造され、スカラ家の居城でした。赤煉瓦の城壁と6つの塔、跳橋が遺ります。ナポレオン支配時代には兵舎として使われ、現在は市立博物館です。

ポルタ・ヌオーヴァ

建築家ミケーレ・サンミケーリにより1532～40年に造営された堅固な門で、古代ローマの門との対比で「新しい門」と呼ばれます。要塞というべき重厚なもので、その作風に合致したドーリス式の付け柱が両面のファサードを飾っていますが、それはまさしくギリシア式で、礎盤を有していません。

当時ヴェローナを支配していたヴェネツィア共和国は多方面からの脅威に曝されていました。フランス、スペイン、特にオスマン帝国です。ポルタ・ヌオーヴァ造営後の1570年には再度オスマン帝国と戦い負けました。この状況下でサンミケーリはヴェネツィア領のダルマティア、クレタ島、コルフ島の要塞を強化し、ヴェローナでこの門を造りました。交通の要衝で、ヴェネツィア共和国支配圏の西端に位置するヴェローナの西に構えたこの門の重要性は、きわめて高いものです。彼はヴェネツィア共和国支配圏の東端域でも活躍し、クロアチアのザラには、礎盤をもたないドーリス式の付け柱が構成され、ヴェネツィアの獅子を中央に戴いたテッラフェルマ門を設計しました。彼はパッラーディオと同時代の建築家でありパラッツォや宗教建築も手がけましたが、むしろヴェネツィア支配地における軍事関係の技術者としての評価が高く、対象とした建築の分野も建築が位置する範囲も、はるかに彼の方が豊かです。

5．ジェノヴァ：レ・ストラーデ・ヌオヴェとパラッツィ・ディ・ロッリ制度（地図の㊷）

ジェノヴァの歴史

港湾都市ですが、ヴェネツィアとは地形と海との関係が異なります。ヴェネツィアが海面上に人工的に造られ都市胎内に海を導き入れたのに対し、ジェノヴァは海に直接に面しますが陸地の上に展開した、古代ギリシア以来の地中海世界に典型的な港町です。ギリシア劇場のオルケストラのように湾曲した傾斜地上に広がる「階段席」に相当する部分に都市は展開し、したがって前4世紀のハリカルナッソスとそのモニュメンタルな「塔」であるマウソレイオンと同様に、ジェノヴァにも塔のように垂直に高い建築が発達しました。陣内秀信氏の著書（『イタリア海洋都市の精神』2008等）を参考にみていきましょう。

前6世紀頃に先住民により高台にカストゥルム（城塞）が造られ、この海洋城塞の中核には外国の船乗りや商人も棲んでいました。ローマ時代以前のネクロポリスの墓は豊かな副葬品を伴っています。前4世紀頃のギリシア陶器、エトルリアのブロンズ製品、フェニキアのガラスもあります。エトルリア文字が刻まれた紡績関係遺物もあり、一時期であれその文明圏・経済圏に属していた可能性もあります。都市最初の居住区でジェノヴァ発祥の地であるこの先ローマ時代の城塞都市の輪郭は、現在もサンタ・マリア教会の周囲に楕円形の道路として都市に記憶され、カステッロ地区と呼ばれます。

この高台の西の下の斜面に港に面して、前4世紀頃から規則的な街区を有すローマ都市ゲヌアが発達しました（上に中世都市が発展したのでローマ時代の遺構は乏しいですが、後世の建物に古代の柱、彫刻、石棺などが嵌め込まれて再利用されています）。9世紀になるとカステッロ地区の北の平地に都市は拡大し、規則的な道路網を配し城壁を巡らせました。東ゴート、ビザンティン、ランゴバルド、カロリング朝の支配下に入るも、海軍力・経済力の発展のために1096年にカロリング朝の支配下から解かれ自治都市となりました。商業はさらに活性化し、ライヴァルのピサの擡頭も押さえつつ支配領域を広げて発展を続け、海洋国家ジェノヴァ共和国として繁栄し、ヴェネツィア、アマルフィなどの海洋都市とも競いました。1284年にはメロリアの海戦でピサに勝ち制海権を得ました。東ローマ帝国からコンスタンティノポリスを得てヴェネツィアはラテン帝国を建設しましたが、ジェノヴァは東ローマ帝国の再建を支援し1261年に実現しました。以降コンスタンティノポリスにおいてヴェネツィアに替わり特権的地位を得て躍進し、1298年にはヴェネツィアをクルツォラーリの海戦で撃破しました（このときマルコ・ポーロがジェノヴァの捕虜となり監獄で『東方見聞録』を口述しました）。

このように12世紀初頭から14世紀に地中海交易で富みを蓄え繁栄を極めた都市には、12世紀前半には大規模公共事業により、海に面し上部を住宅としたポルティコが造られました。また多くのロマネスクとゴシック混合の様式の建築が建てられましたが、特徴的な白黒縞状のデザインにはイスラームの影響を看て取ることができます。1379～80年のキオッジャの戦いでジェノヴァはヴェネツィアに撃退され再び両都市の緊張関係は続きますが、東方、黒海、北海方面へと海運は拡大し栄華は続きました。

しかし1453年にオスマン帝国が東ローマ帝国の首都コンスタンティノポリスを陥落させ、地中海貿易の権益をジェノヴァやヴェネツィアから奪い、これらの海洋都市は衰退しました。またジェノヴァ近郊の生まれのクリストフォロ・コロンボは、この共和国の市民でその海洋学校の出身者ですが、スペインの支援を受けたこの「ジェノヴァ人」が 1492 ～ 93 年に大西洋航路を「発見」しました。さらに 1497 年 10 月にはヴァスコ・ダ・ガマが喜望峰経由の欧印行路を「発見」し、以後「大航海時代」にスペイン、ポルトガルなどが擡頭し、地中海貿易に依拠したイタリアの伝統的海洋都市の衰退を招きました。

しかし特に金融業の分野で、ジェノヴァはヨーロッパ・カトリック世界のメイン・バンクとなって生き延び、共和国としての独立を保ちました。政治的には寡頭政治の性格が強まり、貴族階級は新たな都市空間や建築の建設に投資しました。この気運の中で 1551 年にストラーダ・ヌオーヴァが開通し、このルネサンスの華やかな都市空間にはバロック時代にも造営が続きました。

しかししだいに勢力は衰え、1797 年にナポレオンが侵攻し 1805 年にフランスに併合されました。19 世紀初頭にサヴォイア王支配下に、次いでサルデーニャ王国へ編入され、同王国を中核としたリソルジメントにおいて有力都市として発展しました。現在もイタリア最大の貿易港としてこのリグーリア州の州都は活気に満ちています。

広場の政治と文化、通りの政治と文化

ヴェネツィアにはサン・マルコ広場のような共和国市民全体のためのモニュメンタルな広場があります。一方、門閥制度「アルベルゴ」が政治経済の仕組みの根本にあるジェノヴァでは、共和国全体のための開放的公共空間としての広場はきわめて少なく、サン・マッテオ広場、ピアッツア・バンキなどを除けば、ポルティコをも含めて通りに特徴と文化があると陣内氏が指摘します。

中世海洋都市ジェノヴァは、港湾周囲の斜面に密集して造られていました。16 世紀に入りルネサンス時代の貴族は、中世都市の外側上方の高台に広がる田園を開発し、直線の新しい通りストラーダ・ヌオーヴァ（「新しい街路」の意）を造り、その左右にパラッツォを造営しました。ルネサンスからバロック時代にかけては、高台の新天地にバルビ通り、

ガリバルディ通りに建つ市庁舎（左手奥の旗のある建物）

バルビ通り

パラッツォ・ロッソ（赤の館）

パラツッオ・ビアンコ（白の館）

カイローリ通りなどの街路を造り、両側に堂々たるファサードの貴族の館が並ぶ高級住宅街が形成されました。

これらのパラッツォは、16世紀後半から17世紀初頭にかけて、繁栄を続けるジェノヴァ共和国に世界から訪れる来賓のために迎賓館・宿泊場所とし厳選され、「ロッリ」と呼ばれる「迎賓館目録」に登録されました。2006年にこれら「複数の新しい街路」と「ロッリに登録された複数の貴族のパラッツォの制度」の42件が「ジェノヴァのレ・ストラーデ・ヌオーヴェとパラッツィ・ディ・ロッリ制度」として世界遺産に登録されました。

ジュゼッペ・ガリバルディ通り（ストラーダ・ヌオーヴァ）

前述のようにストラーダ・ヌオーヴァあるいはアウレア通りと呼称されていましたが、リソルジメントの英雄ジュゼッペ・ガリバルディにあやかり彼が没した1882年に改名されました。リソルジメントの重要都市としての自負の現れです。

通り東端のヴィレッタ・ディ・ネグロにはキヨッソーネ東洋美術館があります。ジェノヴァ郊外生まれのキヨッソーネは同市の美術学校で銅板画製作などを学び、1875（明治8）年に大蔵省紙幣寮（後の印刷局）で「お雇い外国人」として紙幣や切手の印刷に従事し銅版制作を技術指導しました。日本初の紙幣の神功皇后の肖像画や、藤原鎌足、明治天皇、西郷、大久保、木戸、岩倉、福沢などの肖像をコンテ絵や銅版画として製作し、それらのイメージを決定しました。明治政府からの多額の給与等の多くは日本美術購入に当てられ、その収集品が死後イタリアに送られ岡倉天心によって系統立てられ、この美術館にあります。さて、ガリバルディ通りをフォンターネ・マローゼ広場から西へと歩きましょう。

パラッツオ・ドーリア・トゥルシ（市庁舎）

1564～66年に建築され、1597年にはジョヴァンニ・ドーリアがトゥルシの公爵である息子カルロのために購入しました。19世紀に市所有となり、現在は市庁舎としても使用されています。通りの山側に位置し、斜面の高低差を巧みに利用して変化に富んだ空間を構成しています。玄関ホールの奥の大階段を登ると中庭があり、さらにそこから大階段でまた上のレベルの庭園に通じます。これはヘレニズム時代に原形を持つ、バロック的な舞台装置的空間です。通りで最も壮大な建築で、ファサードは赤、濃灰、白などの石で飾られています。

パラッツォ・ロッソ（赤の館）

通りの海側に、1671 ～ 77 年にブリグノーレ・サーレ家により建設され、1874 年に同家最後の所有者マリア・ブリグノーレ・サーレ公爵夫人が市へ寄贈し、内部は美術館になっています。外壁は赤みがかった石で装飾されています。

パラツッオ・ビアンコ（白の館）

通りの山側に 1530 ～ 40 年に建造され、改築の際に外壁が白くされ、白の館と呼称されました。上記のマリア・ブリグノーレ・サーレ公爵夫人へと渡り、遺言により 1889 年に市の所有となり、上記２つのパラッツィと共にストラーダ・ヌオーヴァ美術館を構成しています。

パラッツオ・メリディアーナ

ガリバルディ通りを西へ抜けるとカイローリ通りが続き、そのメリディアーナ広場にあります。中世のいくつかの建物を統合して 16 世紀に建造され、ロッリに登録されました。

パラツッオ・スピノーラ・ディ・ペッリッチェリア

カイローリ通りに併行するロメッリーニ通りは、フォッサテッロ通りと広場さらにはサン・ルカ通りへと続きますが、そこから入ったペッリッチェリア広場にあります。1593 年に建造され、ロッリに登録されました。その後さまざまな所有者を経て、18 世紀冒頭にスピノーラ家のものとなるも国家へ贈与され、現在は国立絵画館です。

ヌンツィアータ広場、アヌンツィアータ大聖堂

カイローリ通りの西端、つまりバルビ通りの東端のヌンツィアータ広

パラツッォ・スピノーラ・ディ・ペッリッチェリア

王　宮

場に、アヌンツィアータ大聖堂があります。1520年に建設が始まり、17世紀にはドームにバロック的装飾が加味されました。現在のファサードは1830～40年代の新古典主義時代のものです。

バルビ通り

歴史的中心区の下端の斜面を海岸線にほぼ平行に走り、東のヌンツィアータ広場と西のアクアヴェルデ広場とを結びます。この通りには、特にルネサンス期のジェノヴァ共和国時代に活躍した名家バルビ家（ヴェネツィアのカナル・グランデには1500年代中頃建造のバルビ館があります）に関わる建築が多いのでこう呼ばれますが、その建築のひとつが王宮です。

王宮（パラッツッオ・ステファノ・バルビ）

通りの海側の、海を展望する高台の上に開放的な空間が構築されています。1618～20年にバルビ家の裕福な銀行家ステファノ・バルビらにより建造が開始されました。1823年に入手したサヴォイア王家はここを公邸とし、1842年には玉座と謁見の間や舞踏の間などを設けました。1919年に国有財産となりました。

大学館

王宮の右斜め前、通りの山側に、ジェノヴァ大学の大学館があります。ルネサンス時代のパラッツオ・ドーリア・トゥルシのバロック的空間構成をさらに発展させ、斜面上に連続空間を展開した、1640年建設のバロック建築です。

ジェノヴァの過去現在未来

ジェノヴァの都市や建築を語るならば、同市出身の世界的建築家レンツォ・ピアノに言及する必要があります。ポンピドゥー・センターや関西国際空港などで有名ですが、ジェノヴァにも深く関与し、特に港湾再開発のマスター・プランを作成しました。それは古い物を壊さずに活かし、そのうえで大胆に未来を指向したデザインにより、新しい命を吹き込むプランです。過去から未来への連続こそが現在に生きる命の源なのです。下水に流すように過去を壊して新物を造るのでは、根がないので強い生命力が宿りません。過去を蓄積しそれに依拠して強い未来を造ること、それをこそ我々は西洋の世界遺産から学ぶべきです。

公共性を担う高等教育機関こそ、その精神を実地で示さないといけませんが、陣内氏が指摘するように、ジェノヴァ大学がその好例です。前6世紀以来のジェノヴァ発祥の地カステッロ地区は、中世以降も司教が棲む城や教会、修道院が造られ、バロック時代にも大規模な拡張が続いていました。しかし第2次世界大戦の爆撃による破壊以後、廃墟化し見捨てられ、都市のまさに中核部における荒廃した地区、「インナー・シティー」状態を呈していました。あえてそこにジェノヴァ大学建築学部はキャンパスを開設し、この地区を再生させました。建築学の学徒としての社会的任務の自覚と実行です。さらに敬服すべきことに、その際に修道院跡の考古学的発掘調査を行い一部を保存して考古学公園とし、ルネサンス・バロック時代の建築は修復・再構成され、イグナッツィオ・ガルデッラによるガラスと煉瓦色の新しいデザインの建物が造られました。

「人類の宝として、祖先が作り、受け継いできたものをよりよい形で次の世代に受け継いでゆく」(藤本強『日本の世界文化遺産を歩く』2010)ための制度が世界遺産ならば、ピアノの港湾再開発プランやジェノヴァ大学のキャンパスこそ、その精神をよく体現しています。

藤本強さんをしのぶ—あとがきにかえて—

最後に藤本さんにお会いしたのは藤本さんがお亡くなりになる3カ月ほど前の平成22年6月25日、当時私がつとめていた美術館の「カポディィモンテ美術館展」オープニングのときだった。美術館の開会式にはめったに来られないのに、しかも奥様とご一緒の来館である。いろいろな公職を退いてようやく私人に戻られたのだな、と思った。私利私欲のまったくない藤本さんは、着流しの、型にはまらない姿がよく似合う人だった。というか、ご自身の領分をわきまえ、そこから出ることは決してなく、かたくなに藤本流の生き方にこだわっておられた。しかし、学者として、また大学人としてあまりに有能なため、いつの間にか重責を負わされてきた。もちろんそうなっても、ただただ虚心坦懐に職責をこなすだけだった。まさに見事というほかなかった。東京大学文学部長のとき、大学院の重点化を進めなければならなかった。実現には、教授ポストの増員と助手ポストの減員という文部省（当時）のアメと鞭に対応する必要があった。

複数の助手がいる研究室では1人の助手だけを残して教授ポストを増せばよかったが、大部分の研究室には助手が1人しかいなかった。研究室にとって助手は雑用係兼牢名主のような役割で、研究室のすべてに精通したかけがえのない存在だった。このため、助手をなくされるのであれば大学院重点化そのものに反対すると主張する研究室さえあった。この難問を藤本さんは算数の引き算と足し算の答えを出すかのように、いとも簡単に解決してしまった。当時私は藤本学部長の補佐役だったが、あまりの見事さに手をこまねいて傍観しているしかなかった。

そんな藤本さんを世間がほっておくはずがなかった。世界文化遺産特別委員会の委員長やキトラ古墳の、保存修復の目的で壁画をはがすことを認めることになる調査研究委員会の座長、高松塚古墳などに関する古墳壁画保存活用検討会の座長をつとめるといった仕事を次々とこなしていった。文学部長になったときから、平成 22 年 3 月に古墳壁画保存活用検討会が解散されるまで座長をつとめ、つねに公的な仕事に従事していたが、学者としての仕事も精力的にこなしていた。

もともと、北アフリカや西アジアの旧石器文化の研究からスタートしたが、旧石器時代から江戸までの諸現象をひとりでまとめることができる、まことに稀有な学者だったのである。もちろんその背景には自身の中に確立した考古学の理論と方法論があったからである。私人に戻られた藤本さんはこれまでの蓄積を縦横に活用して、より広範な比較考古学、比較文明論を著すつもりだったのではないだろうか。その材料にしようとしていたのが世界遺産であったのかもしれない。日本についてまとめられ、さてこれからイタリア、ドイツの世界遺産を見ていこうとしたときに旅立たれてしまわれた。

残念ながら、もうそのことを期待するわけにはいかなくなった。でも、腰にタオルをぶら下げて発掘現場にひょっこりと現れるような気がしてならない。どうか、しがらみのない世界でやすらかに過ごされることを祈ります。

2013 年 8 月

青柳正規（日本学士院会員、文化庁長官）

執筆者紹介（2013年10月現在）（◎は編者）

◎青柳正規（あおやぎ まさのり）
1944年生まれ
東京大学文学部大学院博士課程退学　文学博士
現在　文化庁長官

宮坂　朋（みやさか とも）
1960年生まれ
名古屋大学文学研究科博士課程中退　修士（文学）
現在　弘前大学人文学部教授

芳賀　満（はが みつる）
1961年生まれ
東京大学大学院人文科学研究科修士課程修了　博士（文学）
現在　東北大学教授

渡邉道治（わたなべ みちはる）
1956年生まれ
東京都立大学大学院博士課程単位取得満期退学　博士（工学）
現在　東海大学教授

藤沢桜子（ふじさわ さくらこ）
1967年生まれ
東京大学大学院博士課程修了　博士（文学）
現在　群馬県立女子大学准教授

飯塚　隆（いいづか たかし）
1964年生まれ
東京大学大学院博士課程単位取得満期退学
現在　国立西洋美術館研究員

イタリアの世界《せかい》文化《ぶんか》遺産《いさん》を歩《ある》く

■編者略歴■

藤本　強（ふじもと　つよし）

1936年　東京都生まれ。
1959年　東京大学文学部考古学科卒業。
同大学院（博士課程中退）、助手、助教授（北海文化研究常呂実習施設勤務）を経て、
1985年～1997年　東京大学教授。（東京大学名誉教授）
1997年～2002年　新潟大学教授。
2002年～2007年　國學院大學教授。
2010年9月　逝去。

主な著書

『北辺の遺跡』1979、『石器時代の世界』1980、『擦文文化』1982、『考古学を考える』1985、『もう二つの日本文化』1988、『埋もれた江戸』1990、『モノが語る日本列島史』1994、『東は東、西は西』1994、『考古学の方法』2000、『ごはんとパンの考古学』2007、『都市と都城』2007、『考古学でつづる日本史』2008、『考古学でつづる世界史』2008、『日本列島の三つの文化』2009

2013年10月23日発行

編　者　藤《ふじ》 本《もと》 強《つよし》
　　　　青《あお》 柳《やぎ》 正《まさ》 規《のり》
発行者　山 脇 洋 亮
組　版　㈱富士デザイン
印　刷　モリモト印刷㈱
製　本　協栄製本㈱

発行所　東京都千代田区飯田橋4-4-8（〒102-0072）東京中央ビル　㈱同成社
TEL　03-3239-1467　振替　00140-0-20618

ISBN978-4-88621-648-9 C0026